ESPAIS SAGRATS

Arquitectura Maia en
l'obra de *Teoberto Maler*

D1729159

ESPAIS SAGRATS

Arquitectura Maia en l'obra de *Teoberto Maler*

Organitza i produeix

Vicerectorat de Cultura
Servei de l'Àrea Cultural

VNIVERSITAT Ǧ ID VALÈNCIA

València, 2002

www.valencia.edu/cultura

Rector de la Universitat de València
Francisco Tomás Vert

Vicerector de Relacions Institucionals
José Manuel Rodrigo Gómez

Directora del Centre de Suport per a la Investigació Històrica, Institut de Cultura de Yucatán, Mèxic
Ney Antonia Canto Vega

ESPAIS SAGRATS: Arquitectura maia en l'obra de Teoberto Maler

Sala Thesaurus, La Nau, Universitat de València, Juliol-Octubre de 2002
Institut de Cultura de Yucatán, Mèxic, Febrer-Abril de 2003
MUVA, Universitat de Valladolid, Maig-Juny de 2003
Sala Paranimf, Universitat de Cantàbria, (Santander), Juliol-Agost de 2003

ORGANITZACIÓ I PRODUCCIÓ: *Servei de l'Àrea Cultural de la Universitat de València*

Cap del Servei: *Soledad Rubio Candel*
Tècnic superior de museus: *Norberto Piqueras Sánchez*
Cap d'unitat: *Amparo Soriano*
Àrea administrativa: *Daniel Valmaña, Cristina Serra, Pilar Pérez, Remedios Fernández, Mina Sánchez, Juan Jordán*

Comissària
M. Luisa Vázquez de Ágredos Pascual

Coordinació
Norberto Piqueras Sánchez

Textos
M. Luisa Vázquez de Ágredos Pascual
Miguel Rivera Dorado
Lilia Fernández Souza
M. de los Ángeles Cantero Aguilar
Rafael Cobos Palma
Cristina Vidal Lorenzo
Gaspar Muñoz Cosme
Rubén Maldonado Cárdenas
Beatriz Repetto Tió

Fitxes del catàleg
M. Luisa Vázquez de Ágredos Pascual
Cristina Vidal Lorenzo
Gaspar Muñoz Cosme

Reproducció de les fotografies
Humberto Suaste, Facultat d'Arquitectura
Universitat Autònoma de Yucatán

Digitalització, restauració i ampliació de les fotografies
Blanco y Negro Profesional, SL

Traducció i correcció de textos
Antoni Lluch

Disseny i maquetació del catàleg
Més a Més. Disseny Gràfic i Comunicació

Disseny gràfic
Més a Més. Disseny Gràfic i Comunicació

Impremta
Selvi Artes Gráficas

Muntatge
Taller Creativo, SL

Producció músical
Wayak', Huellas del Pasado

ISBN: 84-370-5439-7
DL: V-2565-2002

Sumari

A partir del segle XV, coincidint amb la fundació de la nostra vella institució universitària, es basteix un pont entre Europa i el Nou Món, uns llaços que han mantingut la vigència fins a l'època contemporània i que, en els darrers anys, la Universitat de València ha intentat enriquir per mitjà de la incorporació de noves disciplines en els seus programes acadèmics, com també des de diverses iniciatives, a les quals s'afegeix aquesta exposició.

El segle XIX obri a Europa un episodi en què s'estudia i es renova la perspectiva des de la qual s'havia observat, examinat i valorat el passat i les seues manifestacions culturals. El gust per l'arqueologia com a llindar cap al coneixement de cultures i temps remots esdevé el *leitmotiv* que alimenta l'esperit romàntic latent en tota la societat, la literatura i les arts.

En aquest sentit, ha arribat el moment en què el Vell Món s'acoste al Nou Món amb prou distància històrica per a renovar la primera visió que s'hi va tenir quatre segles enrere; serà aquest un renaixement en què, progressivament, es busque aprofundir en el coneixement de les antigues civilitzacions prehispàniques, una tasca a la qual van contribuir, a partir de la segona meitat del segle, els inicis de la fotografia com a mitjà de registre de les seues ciutats, com també de la cultura material que s'hi associa.

En el context d'aquesta conjuntura, el corpus fotogràfic que Teoberto Maler va desenvolupar a l'àrea maia, i que presentem en aquesta exposició, esdevé un registre de gran valor per l'objectivitat des de la qual l'antic patrimoni d'aquestes regions i el seu passat cultural passava a ser conegut al continent europeu.

La figura d'aquest explorador significa un enllaç amb el gir que, entre la darreria del segle XIX i l'inici del segle XX, es va produir pel que fa a l'ingrés i l'estudi dels assentaments prehispànics, a partir del qual deixen d'aparèixer aventurers que, de manera independent, s'internen a la selva per dur a terme tal empresa en favor d'una nova actitud acadèmica protagonitzada per diverses institucions d'aquesta mena, com ara la Carnegie de Washington o el museu Peabody, lligat a la Universitat de Harvard.

Arran dels treballs que Teoberto Maler va desplegar per a aquest darrer organisme, es publicaran per primera vegada autèntics informes dels llocs arqueològics que recorre, amb dades precises acompanyades de fotografies il·lustratives de la informació.

La incursió de les institucions acadèmiques en el registre del passat a Mesoamèrica va implicar l'inici d'un estudi reglat del vestigi arqueològic derivat de les primeres excavacions i del seu patrimoni, i també d'una presa de consciència sobre la seua importància com a testimoni des del qual era possible accedir al coneixement de les cultures que es van desenvolupar en aquestes àrees regionals.

Significava, alhora, com a conseqüència del mal estat de conservació en què, a través de la fotografia, era possible veure les arquitectures, escultures i pintures murals que pertanyien a aquestes ciutats, un nou crit que s'unia a la veu que des del segle XIX havia emès la premsa en favor d'una preocupació per la necessitat que s'obriren comissions, museus, intervencions i mecanismes similars per mantenir-les i preservar-les.

Així, el coneixement de les antigues civilitzacions americanes, la presa de consciència del seu patrimoni com a llegat i la seua difusió vertebraven l'actitud acadèmica d'organismes i universitats que començaven a patrocinar els primers projectes d'investigació i conservació en aquestes zones.

L'estudi, la conservació i la difusió del patrimoni cultural és una de les preocupacions i compromisos que la Universitat de València assumeix des de la seua programació cultural. I no sols des de la gestió del seu propi i significatiu patrimoni cultural sinó, a més a més, amb el suport i l'articulació d'iniciatives com aquesta, que difonen i analitzen béns patrimonials llunyans en el temps i l'espai.

Des d'aquest punt de vista, creiem important que la Universitat incorpore en els seus programes d'exposicions mostres vinculades a projectes o línies de recerca que es desenvolupen al si de la nostra institució. La comissària d'aquesta exposició és la historiadora de l'art Marisa Vázquez, vinculada a la Universitat de València, tot i que ha desplegat les seues investigacions durant els últims tres anys a Yucatán (Mèxic). Aquesta exposición pren una significació especial en aquest sentit i insisteix en la necessitat i rellevància d'establir llaços de gestió cultural no sols interns a la nostra comunitat, país i continent, sinó capaços d'enllaçar amb la història d'altres pobles amb una geografia que s'estenia més enllà de les fronteres d'Europa.

A través de l'exposició que presentem a la sala Thesaurus de la Universitat de València, volem manifestar el nostre convenciment que la contribució al coneixement, la investigació i la difusió del patrimoni i de la història ha de ser universal, ha d'arribar a altres cultures i períodes que no sols permeten conèixer los, sinó també traçar un esguard introspectiu cap a nosaltres mateixos en relació amb allò que es produeix, en els mateixs marcs cronològics, en uns altres espais geogràfics i ideològics del món.

La Universitat de València ha volgut, a través d'una selecció de l'obra fotogràfica de Teoberto Maler, fer una invitació social al coneixement del llegat que la civilització maia va deixar a l'àrea de desenvolupament que correspon a la península de Yucatán, aquell que ens obrirà les portes del coneixement de l'antiga cultura maia a través de la seua producció arquitectònica i estètica.

Francisco Tomás Vert

Rector de la Universitat de València

El fet de contribuir, des de la institució acadèmica, al coneixement de les figures i dels moments històrics des dels quals ha anat configurant-se la trajectòria científica i interdisciplinària de l'estudi i la comprensió de la cultura humana és, sens dubte, un dels objectius primordials de la universitat com a organisme educatiu orientat a la investigació i la formació de cada nova generació.

Només quan els treballs de la investigació van acompanyats d'altres de difusió acomplim l'objectiu més important de tots els nostres esforços, el d'obrir les portes a tota la societat perquè tots els seus membres senten el dret democràtic de conèixer l'herència que el nostre passat històric ens ha deixat, aquella que ens permet descobrir les nostres arrels i entendre determinades formes i processos de vida actuals.

La contemplació de les imatges fotogràfiques que Teoberto Maler va fer entre el final del segle XIX i el principi del segle XX a la península de Yucatán, a Mèxic, i a la regió de Petén, a Guatemala, significa remuntar-se als orígens d'una nova era, pel que fa a l'estudi de la civilització maia, en què diverses institucions preocupades per l'estudi i la difusió de les cultures prehispàniques en general, com ara museus i universitats, fan possible la revaloració d'un passat que durant tres segles havia restat en silenci.

Davant de les imatges, som capaços de fer-nos preguntes que desvetlen l'interès per saber un poc més de la cultura que va assolir amb aquest desenvolupament urbà, arquitectònic, literari i artístic el grau de civilització, i experimentar alhora una avidesa de coneixements sobre aquesta que s'afegeix al respecte i l'admiració per configurar un conjunt de sensacions que genera en cadascun de nosaltres diverses formes d'aproximació al fet cultural i històric que hi contemplem.

Iniciatives com la que ha dut a terme amb aquesta exposició la Universitat de València constitueixen un punt i seguit en el capítol que comença a dissenyar-se a la fi del segle XIX quant a la necessitat d'intervenir des de la mateixa entitat universitària en el redescobriment i la revaloració d'un passat històric que es troba en la base de la cultura contemporània, i portar-ne el coneixement a àmbits més enllà dels regionals perquè aquesta antiguitat, la de qualsevol societat, trobe el lloc que li correspon entre les altres que, a través dels segles i dels diversos espais culturals, han anat redactant fins a l'actualitat la història de la humanitat.

Conscients de la importància de tot això, i com que el nostre desig és contribuir, a través de les imatges fotogràfiques de Teoberto Maler que es conserven a la nostra institució, al coneixement del nostre passat històric com a societat, hem volgut formar part de l'esdeveniment que la Universitat de València ha desplegat al voltant del fotògraf austríac i la seua obra, en el qual s'ha previst, a més a més, la seua reproducció completa en un suport digital que a hores d'ara, i fins que siga possible la restauració, constitueix un nou registre d'aquesta.

Per acabar, no deixa de ser aquesta última expressió una evidència sobre quins han de ser els corrents que regulen les activitats acadèmiques lligades al coneixement de la cultura, entre les quals la conservació del patrimoni i de la seua documentació escrita o en imatges és d'una importància vital, ja que es preserva així la pròpia història dels pobles, aquella que es va voler narrar a través de l'arquitectura i les arts.

Ney Antonia Canto Vega

Directora del Centre de Suport per a la Investigació Històrica, ICY

Les quaranta edicions que van seguir la primera del llibre de Vivant Denon *Le Voyage dans la Basse et la Haute Égypte pendant les campagnes du général Bonaparte,* publicada a París l'any 1802, i també la traducció a l'anglès i a l'alemany, anunciaven el diagnòstic d'un segle a Europa en què el redescobriment arqueològic del passat cobriria un capítol important per la seua repercussió en la trajectòria política, social i cultural dels països implicats.

Aquesta febre per la recerca i la trobada d'antigues civilitzacions, alimentada des del mateix continent per la iniciativa de Napoleó Bonaparte a Roma, a la qual donaria continuïtat posteriorment el papa Pius VII, irradia des d'Europa cap a diversos destins, dels quals el que va ser batejat en el segle XV com a *Nou Món* quedaria inclòs en una llista amb uns altres com ara Alexandria o l'Aràbia Pètria.

El precedent dels manuscrits virregnals que van redactar els pares dels ordes mendicants entre els segles XVI i XVII, el segle XIX a Mesoamèrica, i l'encoratjament d'aquell esperit que tendia cap al passat, configuren la història de diversos aventurers, exploradors i investigadors que, a través de les seues descripcions, observacions i imatges, van donar les primeres referències i interpretacions dels llocs i monuments que s'alçaven entre l'aclaparadora vegetació que caracteritza totes les àrees de desenvolupament de l'antiga cultura maia.

Així mateix, és la història cap a la conquesta de l'objectivitat necessària per a plasmar i difondre amb absoluta fidelitat els vestigis d'una antiguitat cultural estranya a les tradicions del Vell Món, i això passa per tres moments i figures decisives: la de l'anglès Frederick Catherwood, la del francès Désiré Charnay i la de l'austríac Teoberto Maler.

L'ús de la càmera clara per part de Frederick Catherwood per aconseguir un major realisme en les seues il·lustracions, invent de William Wolleston que el dibuixant britànic ja havia utilitzat en els seus viatges a Egipte en 1832 per representar els colossos de Mèmnon, va donar lloc a les primeres làmines de ciutats maies en què allò que es registrava no estava afectat per les tesis i elucubracions romàntiques que n'havien condicionat el traç i contingut fins aquells moments.

Tot i que el seu intent, i del seu company John L. Stephens, d'utilitzar el daguerreotip en el segon viatge de tots dos a Mesoamèrica no va tenir èxit, les imatges narrades visualment per Catherwood constitueixen el prefaci dels inicis de la fotografia de ruïnes a Yucatán.

Va ser Désiré Charnay qui, com a membre de la Comission Scientifique du Mexique, organitzada per Napoleó III, va prendre i publicà les primeres ruïnes maies.

El transport amb mula de la càmera, del trípode, dels productes químics necessaris i de les plaques de vidre, a més del problema d'haver de processar totes les fases en un clima de temperatura extremadament alta i de forta humitat, van fer dels primers passos de la fotografia a l'àrea maia una empresa complexa de la qual el mateix erudit francès va donar compte en el seu diari de viatge.

Quan, l'any 1884, l'investigador Teoberto Maler es va disposar a iniciar una exploració dels diversos llocs arqueològics de la península del Yucatán, la situació de la fotografia havia avançat considerablement gràcies a l'aparició del negatiu sobre gelatina seca, amb el qual era possible preparar amb temps les plaques de vidre i postergar-ne el revelatge, una situació ben diferent de la que es produïa amb el col·lodió.

Aquesta nova i evolucionada situació, de la qual ja havia estat partícip Alfred Maudslay pocs anys abans, va facilitar al fotògraf austríac un primer registre complet dels vestigis arquitectònics que s'erigien en una gran part de ciutats maies parcialment sepultades per l'espessa catifa natural.

El gran treball documentalista de Teoberto Maler es pot estructurar en dues etapes principals: la que va desplegar entre 1886 i 1895 a la península de Yucatán, que inclou els actuals estats de Yucatán, Campeche i Quintana Roo, part de Tabasco, de Chiapas, a Mèxic, i la zona nord de Guatemala, i la que s'inicia en 1898 quan el museu Peabody el contracta per a una sèrie d'expedicions concentrades principalment en les regions de l'Usumacinta i del Petén.

Les fotografies que, amb motiu d'aquesta exposició, es mostren a la Sala Thesaurus de la Universitat de València, són una degustació del primer intent que es va dur a terme a l'àrea maia per crear un corpus en el qual es documentara la major quantitat possible d'assentaments: la seua arquitectura, escultura, antiguitats i pintura mural associada.

La major part de les imatges de l'exposició fan referència al treball que Teoberto Maler va dur a terme entre 1886 i 1892, les quals pertanyen a un conjunt de tres volums fotogràfics que inclouen un total de 100 còpies en positiu, actualment en possessió del Centre de Suport a la Investigació Històrica, de l'Institut de Cultura de Yucatán, Méxic.

Les altres corresponen a la labor que el fotògraf va desplegar a la ciutat maia de Tikal, a la regió del Petén, en 1895, tret de la que mostra l'interior del Palau dels Cinc Pisos, la qual es va fer en 1904 arran dels encàrrecs del museu Peabody.

Partint d'aquesta divisió, l'exposició s'ha organitzat segons un recorregut temàtic a través del qual ens serà possible aprofundir en alguns dels aspectes fonamentals que van vertebrar el pensament i les arts de l'antiga cultura maia.

El fet que tot aquest conjunt d'informació es desprenga únicament de les imatges captades per Teoberto Maler a la darreria del segle XIX ens donarà una idea com a espectadors de la culminació que significa la seua obra com a colofó de tot un segle de pelegrinatge cap al coneixement i la difusió del passat arqueològic que es va registrar per aquest pioners a les terres maies.

Aquestes primeres imatges no sols constitueixen avui un arxiu d'incommensurable valor davant l'alteració i, fins i tot, pèrdua d'alguns dels monuments, temples i palaus que documenten, sinó que al seu temps van esdevenir un autèntic manifest davant la necessitat de crear mecanismes i espais capaços d'intervenir-hi i de conservar el patrimoni històric de l'antiga civilització que els va crear, un assumpte que en aquells moments començava a formar part del discurs públic, amb la premsa com a portaveu seu.

Efectivament, la visió de les fotografies de Teoberto Maler fa reviscolar a les nostres ments la idea encunyada per Ruskin en el mateix segle XIX sobre l'existència d'un cicle vital en l'arquitectura que és equivalent al de l'ésser humà, aquell que ens permet presenciar-ne el naixement, el creixement i la mort.

Mentre que les dues primeres etapes pertanyen al moment en què aquestes estructures es van alçar i van ser utilitzades, el segle XIX oferia la possibilitat de contemplar la mort de l'arquitectura a través de la ruïna, però ja no únicament des de l'enfocament romàntic que respecta aquest llegat en el seu estat decadent integrant-lo en el paisatge, fent-lo seu com a font enriquidora d'alguns corrents del pensament, de la literatura i de les arts plàstiques del moment.

Ara sorgia una nova perspectiva, la necessària per adquirir consciència general sobre la importància de conservar, consolidar i reintegrar aquelles pàgines que els maies havien escrit en imatges a través de la pedra com a mitjà d'expressió per excel·lència.

En aquests moments, la imatge redactada sobre pedra troba en la fotografia un vehicle de difusió des del qual pot alçar la veu en defensa de la preservació d'un fragment del passat, el de la mil·lenària civilització maia.

Vull agrair al Servei de l'Àrea Cultural de la Universitat de València la possibilitat que em va brindar en permetre'm realitzar aquesta exposició. Molt especialment, el suport que des de fa dos anys, quan vaig començar la meua primera estada a Mèxic, vaig rebre de Daniel Benito Goerlich i de Norberto Piqueras Sánchez, els quals ja em van suggerir llavors la idea d'abordar algun tema relacionat amb les meues investigacions que poguera trenar una relació entre València i Llatinoamèrica enriquidora per a totes dues des de la Universitat.

Igualment, desitge agrair tota l'ajuda que m'han ofert a Mèxic els organismes que han participat en l'elaboració del catàleg i de l'exposició, no sols la d'aquelles persones que hi figuren per la seua implicació directa en l'esdeveniment, sinó també la de moltes altres que, amb consells o suggeriments, han sabut orientar-me. Enumerar-les em resulta impossible, però totes i cadascuna saben que formen part d'aquesta realitat i de la meua pròpia formació allí.

Desitge també expressar el meu agraïment al suport que he rebut durant aquests dos anys del Departament d'Història de l'Art de la Facultat de Geografia i Història de la Universitat de València, molt especialment a la professora Cristina Vidal Lorenzo, que va alimentar amb les seues classes i la seua il·lusió per Amèrica el meu desig d'aprofundir en les cultures prehispàniques com a especialitat, com també a Joaquín Bérchez Gómez, els encertats consells del qual referents a la necessitat de tenir en compte el llegat i les fonts d'època virregnal en les meues investigacions m'han estat de gran ajuda.

A més a més, el meu agraïment més tendre a la meua família, especialment a ma mare i a les meues germanes, Nuria i Noelia. He de dir que, si no és per elles i per la seua insistència i ànims perquè tornara a Mèxic enguany, aquesta exposició no hauria estat possible. Gràcies, en aquest sentit, perquè van contribuir a la mateixa decisió, a José,

Pablo, Ina, Javi, Toni, Lourdes, Mati, Laura, Alma, Begoña, Empar, Mani i Silvia per ser l'altre gran pilar durant tot aquest temps, especialment durant els dos últims mesos.

Per acabar, vull dedicar aquest treball a mon pare i a la meua iaia.

A tu, pare, per cada paraula d'ànim i d'encoratjament que m'has sabut regalar en la distància fins que te n'has anat. Perquè des de ben menuda em vas ensenyar a creure que amb el treball de cada dia és possible fer realitat alguns dels nostres somnis. Tu sabies que Amèrica era per a mi un somni, i vas emprendre amb mi un viatge que el va fer realitat.

A tu, iaia, perquè també vas estar compartint amb mi aquest temps fins que ens vas deixar. Perquè vas creure en mi i en la meua vocació enriquint la meua alegria i la meua fe en ella. Per ensenyar-me que, quan estimem alguna cosa, hem de seguir el camí que ens hi porta. El resultat d'aquell aprenentatge ha fet possible aquesta labor.

Als dos perquè continueu estant cada dia al meu costat encara que ja no us puga veure. Gràcies als dos, i una forta abraçada.

Mª Luisa Vázquez de Ágredos Pascual

Comissària de l'exposició

Mapa de l'àrea maia

Línia cronològica

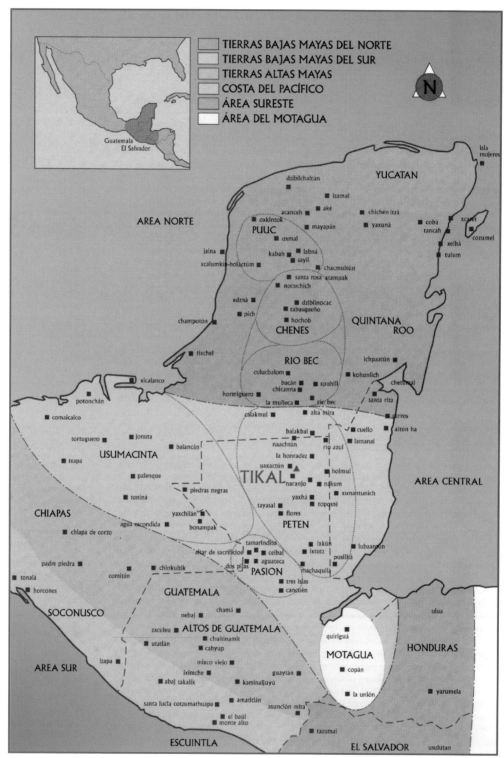

Mapa de l'àrea maia amb les principals zones de desenvolupament. (C. Vidal [ed.] 1999), *Los mayas. Ciudades milenarias de Guatemala*, p. 17.

1530	
1500	
1400	*Postclàssic*
1300	
1200	
1100	
1000	
950	
900	*Clàssic terminal*
800	
700	*Clàssic tardà*
600	
500	
400	*Clàssic primerenc*
300	
200	
100 *d.C.*	
0	
100 *a.C.*	*Preclàssic tardà*
200	
300	
400	
500	
600	*Preclàssic mitjà*
700	
800	
900	
1200	*Preclàssic primerenc*
1500	
2000	*Arcaic*

Fray Diego de Landa,
Relación de las cosas de Yucatán

"*Si Yucatán hubiere de cobrar nombre y reputación con muchedumbre, grandeza y hermosura de edificios como lo han alcanzado otras partes de las Indias, con oro, plata y riquezas, ella hubiera extendídose tanto como el Perú y la Nueva España, porque es así en esto de edificios y muchedumbre de ellos, la más señalada cosa de cuantas hasta hoy en las Indias se han descubierto, porque son tantos y tantas las partes donde los hay y tan bien edificados de cantería, a su modo, que espanta [...]*"

Sobre Teoberto Maler i el seu context

M. Luisa Vázquez de Ágredos Pascual
Universitat de València

Teoberto Maler va nàixer en 1842 i, després de cursar estudis d'enginyeria i arquitectura a Karlsruhe, se n'anà a Viena, on va adoptar la nacionalitat austríaca (fig. 1).

Quan Maximilià d'Habsburg arribà al tron, Teoberto Maler es va incorporar al cos de voluntaris de l'exèrcit imperial mexicà, amb el qual va combatre fins a l'execució de l'emperador l'any 1867. Entre aquesta data i 1878, emprèn el seu primer recorregut pel país i inicia un registre fotogràfic en plaques i pel·lícules en què s'inclouen impressions de les ruïnes prehispàniques i dels costums dels pobles que visita, un fet que s'ajusta a la tradició que els primers viatgers i exploradors del Nou Món en el segle XIX hi havien dut a terme.

En acabar aquest període, torna a la seua pàtria, on romandrà fins a 1884, any en què torna a Mèxic per instal·lar-se en un poble de la regió de Yucatán anomenat Ticul, i des d'allí comença a realitzar un examen i reconeixement de molts dels assentaments maies de la regió, la major part dels quals encara no havien explorat els viatgers que l'havien precedit en les seues exploracions per la península.

Comença una etapa que arribarà fins a 1895, en què Teoberto Maler va estendre el seu recorregut al llarg de tota la península de Yucatán i deixà àmpliament documentats per mitjà de les descripcions i observacions que va fer en cada lloc, com també a través d'imatges fotogràfiques excel·lents, una gran quantitat de llocs, principalment situats als actuals estats de Yucatán, Campeche i Quintana Roo.

Fig. 1: Fotografia de Teoberto Maler. (C. Baudez i S. Picasso, 1999, p. 96.)

En 1895, Teoberto Maler va entrar a la regió del Petén, a Guatemala, i a Chiapas, on inicia el registre d'algunes ciutats maies localitzades a la regió banyada pel riu Usumacinta. Són llocs als quals tornarà quan, a partir de 1898, el museu Peabody, vinculat a la Universitat de Harvard, el contractarà per dur a terme diverses exploracions al llarg del territori en què es va estendre tota la cultura maia, un treball que va desplegar fins a 1905. Els dos anys següents es trobava a Europa, i en 1907 tornà a Mèxic i es posà a viure a la ciutat de Mérida, Yucatán, fins a la seua mort en 1917.

Per bé que la figura de Teoberto Maler com a explorador està precedida a la península de Yucatán per la de noms com ara Frederick Waldeck, Jonh Lloyd Stephens, Frederick Catherwood, Désiré Charnay o Alfred Maudslay, els quals, des de la dècada dels 30 del segle XIX, orienten el seu treball al redescobriment i coneixement de la civilització que en l'antiguitat habità la geografia que recorrien, i tot i que cadascun d'aquests viatgers constitueix un moment decisiu en el camí cap a un enfocament més acadèmic i objectiu des del qual analitzar els vestigis que hi registraven, serà amb el fotògraf austríac quan s'aconseguirà de forma plena aquesta perspectiva.

Des del punt de vista de la documentació de les ruïnes en imatges, Désiré Charnay significà el salt definitiu cap a l'ús de la càmera fotogràfica, i amb aquesta cap a l'objectivitat d'allò captat respecte de les il·lustracions que havien fet Frederick Waldeck i Frederick Catherwood, aquest darrer amb una gran fidelitat a causa, d'una banda, de la seua excel·lent formació com a dibuixant a la Royal Academy de Gran Bretanya amb mestres com Johann Heinrich Füssli, que hi impartia classes de dibuix, i William Turner, que ensenyava perspectiva, i, d'una altra, de l'ús de la càmera clara en alguns dels llocs (fig. 2).

Va ser també Frederick Catherwood qui, juntament amb Jonh Lloyd Stephens, va introduir l'ús del daguerreotip com a precedent directe de la fotografia, encara que amb resultats molt dolents.

Després d'ells, Désiré Charnay introduí la primera visió fotogràfica dels edificis i monuments maies de la regió de Yucatán, en una època en què l'ús de la càmera fotogràfica implicava moltes complicacions a causa de la necessitat de carregar les plaques de vidre i productes químics necessaris per al revelatge posterior.

Ens trobem en l'era del col·lodió i, per tant, aquella en què calia afrontar incomoditats com el revelatge immediat de la foto després de l'exposició, un fet que serà superat en 1882 amb la invenció del negatiu sobre gelatina seca, del qual es nodrirà Alfred Maudslay.

Quan en el darrer quart del segle XIX Teoberto Maler comença les seues preses fotogràfiques, la tècnica ha proporcionat grans avenços que permeten no sols imatges de qualitat excel·lent, sinó una major comoditat per registrar-les, en comparació amb les dificultats que van patir els primers a fer-ne ús.

D'altra banda, des del punt de vista de les dades que anà redactant, especialment a partir dels treballs que va fer per al museu Peabody de la Universitat de Harvard, Teoberto Maler representa els inicis d'una activitat acadèmica reglada pel que fa a l'estudi de la civilització maia. Aleshores es comença a emetre els primers informes en què el text s'acompanya amb plànols, croquis i fotografies, tot un material d'anàlisi des del qual ja es podia començar a desenvolupar unes primeres inferències vertebrades des d'una línia científica de major serietat.

Es tracta de l'època, final del segle XIX i principi del segle XX, i de la figura, Teoberto Maler, que representaran la fi d'una era, la dels viatgers i exploradors, que havia caracteritzat els 60 anys anteriors, i l'inici d'una altra, la dels organismes, la major representació de la qual esdevingué la Carnegie Institution of Washington.

L'obra de Maler seleccionada per a la present exposició es una mostra del pont històric que la seua figura representa.

La majoria de les imatges que configuren aquesta exposició formen part del corpus fotogràfic que Teoberto Maler va aplegar entre 1886 i 1892 a ciutats maies situades als estats

Fig. 2: Detall d'un gravat de F. Catherwood en què es mostra l'interior de l'edifici principal de Kabah. (F. Bourbon, 1999, p. 89.)

actuals de Yucatán, Campeche i Quintana Roo, tots ells pertanyents a la península de Yucatán, tret de les sis fotografies de Tikal, a la regió del Petén, a Guatemala.

De totes les fotografies registrades en aquestes etapes, se n'ha fet una selecció de quaranta-tres impressions que hem articulat en cinc àrees temàtiques diferents.

La primera correspon a les dues imatges de les grutes de Loltún (cat. 1 i 2), amb les quals volem il·lustrar el lloc en què s'ha registrat l'ocupació i l'activitat més primerenca a l'àrea maia de Yucatán, mentre que en l'última secció es representa la ciutat de Chichén Itzá, a través de la qual ens és possible verificar els canvis que els plantejaments estètics de l'arquitectura i, en general, de l'art maies, van experimentar durant l'etapa del postclàssic, amb l'arribada a la península de Yucatán de grups tolteques procedents del centre de Mèxic (cat. 29).

D'aquesta manera, el principi i el final del recorregut de l'exposició es corresponen amb els moments inicials i decadents de la cultura maia: Loltún i Chichén Itzá, el preclàssic més primerenc a Yucatán i el postclàssic.

Entre ambdós extrems, els tres nuclis temàtics que s'hi exhibeixen corresponen a continguts referents a l'arquitectura, a l'escultura i altres arts, i als problemes de conservació que, tant els edificis com les manifestacions artístiques que s'hi associen, pateixen en el medi en què es desenvolupen (cat. 41).

El més significatiu dels tres, atesa la seua extensió, és el referent a l'arquitectura, que s'ha subdividit al seu torn en quatre àrees a fi d'entendre'n l'evolució tant en el temps com en la distribució geogràfica.

La primera d'aquestes subseccions correspon a alguns dels exemples que Teoberto Maler va documentar al nord de Yucatán, i s'inicia amb dues imatges de les ruïnes de la ciutat maia d'Aké, representatives d'un període clàssic primerenc, 300-600 dC, un moment en què a la regió era comú l'ús de l'arquitectura megalítica en els termes expressats pels edificis del lloc (cat. 3). Les sis imatges següents fan referència a l'evolució que l'arquitectura del nord de Yucatán, especialment a la zona Puuc, pateix al llarg del clàssic tardà i terminal, 600-900/950 dC, un avanç representat tant per la tecnologia constructiva com per l'estètica associada (fig. 3).

En aquest sentit, des de la imatge de Kiwic fins a la de Sayil, ens serà possible entendre els canvis lligats a l'ornamentació arquitectònica per a aquest període i per a l'àrea esmentada, començant per la decoració de filet *-junquillo-* fins a arribar a l'anomenada *mosaic*, passant per transformacions i reinterpretacions fetes a partir d'un mateix llenguatge decoratiu, com ara la que implica afegir lligades als fusts dels filets o columnetes que en un primer moment havien aparegut llisos (cat. 5 y 6).

La segona de les subseccions està representada per tres imatges del lloc de Xkichmook, situat en una zona de transició entre la del nord de Yucatán anterior i la més meridional de Campeche (fig. 4). En elles, ens serà possible comprovar la síntesi d'influències de les quals l'arquitectura d'aquesta zona intermèdia, especialment pel que fa al seu llenguatge ornamental, es nodreix entre el clàssic tardà i terminal, 600-900/950 dC, per crear. a partir d'aquestes incorporacions i la seua revisió, una fisonomia ben pròpia (cat. 11).

En tercer lloc, ens endinsarem en la regió de Campeche on, durant la mateixa època que hem assenyalat, el tipus de façana més representatiu de l'arquitectura de les seues subregions, Chenes i Río Bec, és la zoomorfa integral, en la qual l'accés a l'interior d'algunes de les cambres de l'estructura queda determinat pel rostre d'un zoomorf, o la parcial, en què la representació només abraça la secció superior de la façana, això és, aquella que es correspon amb les motlures mitjana i superior, com també amb el fris intermedi d'ambdues (cat. 16).

Per acabar, arribarem a la regió del Petén, a Guatemala, per conèixer el registre que el fotògraf austríac va dur a terme a la ciutat de Tikal, on el tipus arquitectònic més representat serà el de la piràmide coronada amb el temple corresponent a la part superior (cat. 22).

Fig. 3: Un dels edificis principals del lloc de Rancho Pérez, Yucatán. (Foto F. Tec)

Així, el recorregut per la secció d'arquitectura de l'exposició s'ordena segons una trajectòria cronològica i geogràfica que ens farà conèixer la variació de tipus arquitectònics i de les seues representacions estètiques associades des de l'extrem més septentrional de la península de Yucatán fins a l'entrada a Guatemala per conèixer algunes de les construccions de Tikal, en un viatge de nord a sud amb parades intermèdies entre els dos extrems, la de la zona de transició entre Yucatán i Campeche, i l'última d'aquestes.

Després de l'àrea de l'arquitectura entrarem a conèixer algunes manifestacions escultòriques que el fotògraf va aplegar en l'obra recollida en els volums que va fer entre 1886 i 1892, com també una imatge relacionada amb la ceràmica i les arts lapidàries.

Podrem comprendre, a través d'elles, alguns dels plantejaments ideològics que articulaven les formes de vida de la cultura maia, alguns d'ells en la base de la legitimació del poder polític, un fet que va quedar àmpliament reflectit en les esteles (cat. 34).

La darrera imatge d'aquesta secció correspon a un altre tipus d'expressió artística: la relacionada amb les imatges que van ser afaiçonades sobre materials com ara la pedra verda, amb connotacions sagrades en el pensament maia, com també les relacionades amb la ceràmica (cat. 38).

Finalment, l'estat en què Teoberto Maler va trobar i registrà l'arquitectura i els monuments maies, a final del segle XIX i principi del XX, permet obrir una última secció dedicada als problemes de conservació que pateixen l'arquitectura i la resta de les manifestacions artístiques vinculades a les ciutats maies, a causa d'un clima caracteritzat per les altes temperatures i la humitat extrema, el mateix que alimenta una frondosa capa vegetal que inunda, fins a trencar, el vestigi arqueològic en la seua expressió més audaç (cat. 44).

En aquest sentit, la mostra seleccionada per a aquesta exposició, igual que tota l'obra de Teoberto Maler, no constitueix una visió aïllada d'edificis, monuments i altres expressions de diferent naturalesa, sinó que a través seu és possible traçar un fil conductor que ens il·lustre, des d'un punt de vista més acadèmic, sobre diferents

temes que aprofundeixen en aspectes que van des de l'evolució de l'arquitectura a través del temps, i d'acord amb els àmbits regionals on es localitza, fins a nocions ideològiques i polítiques lligades a les seues estructures de vida, tot un viatge que ens permet una primera degustació de la civilització maia a través de les seues ciutats, la seua arquitectura i les seues arts.

Fig. 4: Restes d'una de les façanes zoomorfes parcials de l'Estructura I de Xkichmook, àrea de transició entre Yucatán i Campeche. (Foto F. Tec)

Bibliografía

Andrews, **George F.**, *Maya Cities: Placemaking and Urbanization*, University of Oklahoma Press, Norman, 1975.

Andrews, **George F.**, *Puuc Architectural Styles: A Reassessment*, Paper presented to symposium on Northen Maya Lowlands: New Data, Synthesis, and problems, Paul Gendrop, org. Universidad Nacional Autónoma de México, México D.F., 1982.

Andrews, **George F.**, *Los estilos arquitectónicos del Puuc: Una nueva apreciación*, Colección Científica, Instituto Nacional de Antropología e Historia, México D.F., 1986.

Baudez, **Claude-François**, **y Sydney Picasso**, *Las ciudades perdidas de los mayas*, Ediciones B, Barcelona, 1999.

Bourbon, **Fabio**, *Las ciudades perdidas de los mayas: Vida, obra y descubrimientos de Frederick Catherwood*, Artes de México, Gobierno del Estado de Yucatán, México D.F., 1999.

Gendrop, **Paul**, *Los estilos Río Bec, Chenes y Puuc en la arquitectura maya*, Universidad Nacional Autónoma de México, México D.F., 1983.

Houston, **Stephens**, *Function and Meaning in Classic Maya Architecture*, Stephen Houston, ed., Dumbarton Oaks, Washington D.C., 1998.

Maler, **Teoberto**, *Explorations in the Department of Petén, Guatemala. Memoirs of the Peabody* Museum of American Archaeology and Ethnology, Harvard University, vol. V, núm. 1, 1911.

– *Impresiones de viaje a Coba y Chichén Itzá*, José E. Rosado Editores, Mérida, 1936.

– *Península de Yucatán*, Hanns J. Prem Editores, Gedr. Mann Verlag, Berlín, 1997.

Marquina, **Ignacio**, *Arquitectura prehispánica*, Instituto Nacional de Antropología e Historia, México D.F., 1964.

Pollock, **H. E. D.**, *The Puuc: An Architectural Survey of the Hill Country of Yucatán and Northen Campeche, México*, Peabody Museum, Memoirs, vol. 19, Harvard University, Cambrigde, 1980.

Potter, **David F.**, *Maya Architecture of the Central Yucatán Península*, México, Middle American Research Institute, núm. 44, Tulane University, New Orleans, 1976.

Proskouriakoff, **Tatiana**, *An Album of Maya Architecture*, University of Oklahoma Press, Norman, 1963.

Vidal Lorenzo, **Cristina**, *Arte, arquitectura y arqueología en el grupo Ah Canul de la ciudad maya yucateca de Oxkintok*, BAR International Series 779, Oxford, 1999.

"El primer cliché salió perfecto: ni una mancha, claro, transparente, cada detalle resaltado, irreprochable, en una palabra. En el segundo, un rayo de sol se deslizó por el chasis y el cristal se encontraba cortado por una línea negra que convertía el cliché en inservible.

Me apresuré a limpiar el cristal: se me agotaba el colodio y ya no tenía más, así que lo vertía con todo el cuidado posible y, después del accidente que me había hecho perder el anterior, me resultaba fácil evitar que ocurriese lo mismo con éste. Todo fue bien. El cliché fue un éxito: tenía el mismo tono, la misma forma que el complementario y yo me pavoneaba ya de mi triunfo en un trabajo tan delicado [...]   "

Fig. 1: Gravat de F. Catherwood d'una de les àrees del Palau del Governador d'Uxmal. (F. Bourbon, 1999, p. 73.)

Fig. 2: Detall del dibuix de Frédéric Waldeck d'un dels baixos relleus de Palenque. (F. Bourbon, 1999, p. 42.)

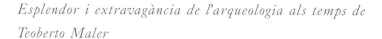

Esplendor i extravagància de l'arqueologia als temps de Teoberto Maler

Miguel Rivera Dorado
Universitat Complutense de Madrid

No són infreqüents en el turbulent segle XIX els casos de rudes guerrers que cauen fascinats per l'encant de ruïnes remotes. Els va passar a alguns militars britànics de cap a cap del seu extens imperi, i als francesos, fins i tot als espanyols, i aquest va ser el virus que infectà un estrany personatge que havia nascut l'any de 1842 en un *palazzo* romà, fill d'un diplomàtic amb fama de violent i esquerp i un tant guillat. Teoberto Maler es va allistar en les hosts de l'Exèrcit Imperial Mexicà, entestat a construir un regne per a Maximilià d'Habsburg, segurament no per amor a la seua pàtria austríaca d'adopció, ni perquè viatjar a Mèxic, llavors terra llunyana i massa exòtica per al gust centreeuropeu, fóra per a ell un desig irrefrenable, sinó potser per fugir una vegada per sempre de son pare i dels records de la infantesa. A l'expedició s'emportà dues aficions decisives: l'arquitectura, de la qual sabia alguna cosa com a teòric i practicant, i la fotografia, aleshores en els seus inicis esplendorosos. Se'n va anar a Mèxic a lluitar, i és molt improbable que, en desembarcar-hi en 1895, tinguera nocions clares de què contenia el país, ni de les gents, ni de la història, ni dels seus monuments. Tanmateix, Teoberto Maler havia de dedicar la resta de la vida a les misterioses ciutats precolombines perdudes per l'immens territori, i la informació escrita i gràfica que acumulà durant més de trenta anys encara és una font de primera importància per a l'estudi de l'art i l'urbanisme dels antics mesoamericans. Va conèixer Yucatán coincidint amb el viatge de l'emperadriu Carlota en 1865, i va decidir que la fascinadora civilització maia seria el nucli de les seues empreses arqueològiques futures.

Altres exploradors s'hi havien anticipat en els difícils camins de les selves maies de Guatemala i Yucatán. El primer de tots, especialment per la repercussió que van tenir els seus escrits, va ser el novaiorquès John Lloyd Stephens, un viatger *avant la lettre*, per Europa i Orient, tot i que advocat i diplomàtic de circumstàncies, i narrador amè, que l'any 1839 havia emprès un periple per terres centreamericanes acompanyat d'un dels millors dibuixants i aquarel·listes de l'època, l'anglès Frederick Catherwood. Els relats dels seus dos viatges i els quatre-cents gravats de Catherwood marquen l'inici de l'autèntica arqueologia maia. El mèrit de Stephens va ser relacionar les ruïnes amb els indígenes maies que habitaven el país en considerar que eren obra dels seus avantpassats, i no de les tribus perdudes d'Israel ni res de semblant, segons les afirmacions d'alguns erudits del moment. A més, va saber veure la importància de les inscripcions jeroglífiques. L'anglès, per la seua part, va fer uns dibuixos d'una precisió i qualitat extraordinàries, que només haurien pogut ser superats pel seu compatriota David Roberts, uns dibuixos que encara avui són utilitzats pels investigadors (fig. 1).

En 1838, un altre Frederic, Jean-Frédéric Waldeck, publicava a París el relat dels seus viatges per la península de Yucatán (fig. 2). S'ha dit d'aquest home que va ser el primer explorador de les terres maies; no és exacte, ja que cal comptar amb Antonio del Río i Guillaume Dupaix, militars tots dos i actius en les dècades del trànsit entre el XVIII i el XIX, i, en general, cal esmentar el prussià Alexander von Humboldt, el qual ja va visitar en 1803 les ruïnes mexicanes, però si tenim en compte que Waldeck havia nascut gairebé al començament de la segona meitat del segle XVIII, que va viure més de cent anys (amb 84 anys fets es va casar amb una jove de 17 primaveres, i en tingué un fill!), i que va ser un mistificador impenitent -l'historiador Prescott el titlava de gran xarlatà, cosa que li va donar una paradoxal fama-, però alhora un gran viatger i un excel·lent dibuixant, que va fer reproduccions de las ruïnes d'un cert mèrit, hem de reconèixer que s'ha guanyat el títol de precursor. I és important assenyalar que precursor en l'estudi de la cultura maia equival a vegades a una curiosa amalgama d'aventurer, científic, artista i engalipador, segons detallaré més avant.

Aquesta primera meitat del segle XIX és crucial per a l'arqueologia, no obstant això. Tot i que encara amerada d'antiquarisme, això és, mal traçades les fronteres entre l'interès pels objectes bells i curiosos de l'antiguitat i l'estudi sistemàtic de les societats que els van produir, les discussions erudites que va desfermar l'expedició napoleònica a Egipte i l'entrada a escena del genial Champollion havien aconseguit posar rostres i significats als freds estris de pedra i ceràmica. En els anys quaranta, mentre la gent llegia els llibres de Stephens i descobrien l'existència d'una civilització centreamericana, els londinencs s'extasiaven davant les escultures assíries de Nimrud i Nínive que arribaven al Museu Britànic directament des de les excavacions de Henry Layard; per descomptat, van poder comparar-les amb les esteles maies que apareixien en les litografies publicades per Catherwood (fig. 3). Com equiparar la solemne bel·licositat dels relleus assiris amb la profusa ornamentació i l'intricat barroquisme de les esteles de Copán? Es van adonar els anglesos que l'un era un art del desert i l'altre era un art de la selva?

Els trenta anys següents del segle XIX, quan Maler va decidir quedar-se per sempre a Mèxic i dedicar-se a visitar i descriure ruïnes precolombines, coincideix amb grans descobriments al Vell Món: els marbres del Mausoleu d'Halicarnàs viatgen també a Londres, s'explora Angkor, un conjunt arquitectònic que té bastants semblances amb les construccions maies, s'excava Efes, Schliemann treballa a Micenes i a Troia, Flinders Petrie excava a Naucratis i després a Tall al-Amarna, i per al tombant de segle el món assisteix meravellat als descobriments d'Arthur Evans a Creta. L'arqueologia és una notícia important en els mitjans de comunicació, i assoleix el clímax en 1922 amb l'entrada de Howard Carter i Lord Carnarvon a la tomba de

Fig. 3: Detall d'una de les esteles de la plaça principal de Copán. (F. Bourbon, 1999, p. 49.)

Fig. 4: Interior de la Sala del Tresor de la tomba de Tutankhamon. (J. Vercoutter, 1999, p. 123.)

Tutankhamon (fig. 4). En aquells moments, les tècniques de camp s'han desenvolupat extraordinàriament, la fotografia és indispensable i de qualitat, els dibuixos han abandonat els adornaments romàntics i les invencions capricioses, les notes i els diaris persegueixen el rigor i l'objectivitat. El paral·lelisme amb Yucatán és absolut, quan el pacient Carter aconsegueix per fi el seu descobriment a la vall dels Reis, la Carnegie Institution of Washington comença a interessar-se per les ruïnes maies, i el mateix mètode minuciós de l'anglès serà utilitzat de seguida per Sylvanus Morley a la gran ciutat de Chichén Itzá.

Però tornem enrere. Hi ha altres noms d'estudiosos primerencs de la cultura maia que cal esmentar perquè el paper de l'infatigable Maler tinga la perspectiva que mereix. Claude Désiré Charnay havia publicat en 1863 el seu llibre *Cités et ruines américaines: Mitla, Palenque, Izamal, Chichén Itzá, Uxmal*. En 1884 va eixir *Les Anciennes Villes du Nouveau Monde*. Charnay era un francès menys exuberant que Waldeck (del qual es diu que havia nascut a Praga, però que era en realitat mig francès i mig gal) i molt menys extravagant que Le Plongeon. Formava part de la Comission Scientifique du Mexique, un *remake* de Napoleó III de la cèlebre institució amb què el seu homònim i antecessor en el tron va inaugurar l'arqueologia egípcia. Encara que havia viatjat a Mèxic en la dècada dels cinquanta i la Comission s'havia creat en 1864. Els seus escrits són de "viatge i aventura" (Bernal, 1977), com quasi tots, ja des de Stephens, i poc aporta a l'estudi científic de la cultura maia, a més de caure en errors com ara considerar la civilització maia com a hereva de la tolteca i bastant recent en el temps.

Això no obstant, viatja en condicions penoses per la selva humida, fa descripcions i fotografies, i només aquest fet ja és digne d'esment perquè, com diu també Ignacio Bernal (1979: 113-114), "andaban esos anticuarios a través de los montes y valles cargando un complicadísimo equipo y frágiles placas de vidrio. Cada foto de entonces -y las hay excelentes- era heroica" (fig. 5). Una cita que es pot aplicar sobretot amb justícia a Maler, les imatges del qual sovint superen les que s'obtenen amb els nostres avançadíssims mitjans. Charnay va ser el primer a suggerir les relacions i semblances entre Chichén Itzá i la llunyana Tula, capital dels tolteques, un afer històric que ningú no ha sabut explicar convincentment fins al dia d'avui, encara que s'hi ha dedicat molta saliva.

Les expedicions de Patrick Walker i John Caddy a Palenque es van originar a la colònia inglesa d'Hondures Britànica. Es van avançar de ben poc a Stephens, però els seus escrits i dibuixos han estat ignorats, potser perquè no aportaven res de nou sobre el que ja havien dit de la famosa ciutat maia els espanyols del XVIII.

Més interessant és un personatge anomenat John Galindo, un irlandès de Dublín nascut en 1802, que va aparèixer a Centreamérica als 25 anys disposat a obrir-s'hi camí. La seua carrera va ser meteòrica: secretari d'un diplomàtic, superintendent al port d'Iztapa, militar d'alta graduació, polític, exportador de te i quinina i, finalment, governador del Petén, el territori guatemalenc on va sorgir i florí la civilització maia. Els seus interessos econòmics esdevingueren arqueològics quan va recórrer el riu Usumacinta i arribà fins a Palenque. Va escriure articles que es van publicar a Europa, i molts dels seus raonaments eren de gran sensatesa i bon judici, a més d'anticipar-se a Stephens en relacionar les figures dels relleus amb els indígenes vius i en considerar els jeroglífics un tipus d'escriptura. En aquells moments, Galindo era un gran nacionalista centreamericà i havia canviat el seu nom pel de Juan, deia que aquelles ruïnes demostraven que a la regió hi havien hagut pobles civilitzats abans de la colònia i que els maies superaven qualsevol altra de les cultures americanes precolombines. Però el zenit de la seua carrera arribà amb la seua expedició a Copán, l'esplèndida ciutat prehispànica situada avui a Hondures, en 1834. Moltes de les observacions de Galindo -comparacions de les tècniques constructives de Palenque i Copán, fonetisme de l'escriptura jeroglífica, aspectes de l'estil de l'escultura- van ser d'una extraordinària clarividència per a l'època. En qualsevol cas, la desgràcia va caure sobre l'irlandès amb els canvis polítics

Fig. 5: Désiré Charnay portat amb cadira per un indígena.(C. Baudez i S. Picasso, 1999, p. 91.)

al país; li van llevar les seues terres al Petén, una concessió minera a Costa Rica va ser un fracàs complet i, finalment, quan intentava fugir d'un desastre militar, es va encontrar amb un grup d'hondurenys que el van assassinar sense pietat.

Augustus Le Plongeon va ser un dels defensors de la teoria de l'Atlàntida i, segons diu Brunhouse (1989: 128), aquesta era la seua especulació més moderada. Havia nascut en 1826 a l'illa de Jersey, de pares francesos que li van donar educació acurada. Però la passió per l'aventura el va portar a embarcar-se cap al Nou Món, i aquest va ser el seu primer naufragi, al qual van seguir-ne altres més tard. Quasi com a únic supervivent arribà a Xile, d'on va passar a Califòrnia atret per la febre de l'or, va ser urbanista, exercí la jurisprudència i la medicina, va viatjar al Pacífic, va viure al Perú, inventà un sismògraf per predir els terratrèmols i redactà un manual de fotografia. En 1873, ja casat amb la seua inseparable Alice, se n'anà cap a Yucatán perquè havia decidit fer-se un nom com a arqueòleg maia. Eren temps difícils per a la península perquè, des de 1847, molts grups indígenes s'havien alçat en armes contra el govern mexicà; de fet, l'autoritat de la república desapareixia més enllà d'Izamal al camí que portava a Valladolid i les costes del Carib. I precisament el matrimoni Le Plongeon va decidir explorar Chichén Itzá, un lloc fronterer que sovint canviava de mans. En tres mesos que passaren allí van fer plànols, fotos i dibuixos, i hi van trobar a l'anomenada *Plataforma de les Àguiles* una rara estàtua d'un individu estès cap enrere amb les cames encongides i el cap girat, que subjectava amb les mans un plat sobre el ventre. Augustus el va batejar amb el nom de *chacmool*, més o menys "Gran Tigre", que ha conservat fins a l'actualitat. L'explorador afirmava que el *chacmool* era part d'una història d'amor, odi i crim, i el relacionava amb llegendes de Yucatán i invencions de collita pròpia. Però allò més sorprenent venia a continuació: Le Plongeon deia que els maies havien viatjat a la resta de la Terra per civilitzar les gents, que les seues ruïnes de Yucatán es remuntaven uns 12.000 anys enrere, i que van ser els maies els qui van fundar el primer regne de l'antic Egipte; a més a més, va trobar indicis que els habitants d'Uxmal havien realitzat ritus maçònics. Alice deia, mentrestant, que els antics maies havien practicat el mesmerisme. Posat a interpretar, Augustus no podia deixar de banda els jeroglífics, així que, després d'afirmar que estaven connectats amb els signes caldeus i egipcis, començà a traduir alegrement les inscripcions, va redactar un alfabet maia i va llegir un text d'Uxmal de la manera següent: "Els gossos ara defallits s'ajoquen com falders, sense força". I, deixant esbalaïts molts orientalistes,

arribà a la conclusió que la llengua utilitzada per Jesucrist no era cap altra que el maia. A pesar de tots aquests disbarats, la posteritat reconeix que els Le Plongeon van descriure adequadament alguns objectes i edificis de Chichén i que la publicitat que van fer dels seus "descobriments" va servir per cridar l'atenció sobre el vast patrimoni cultural de la regió septentrional de l'àrea maia.

Edward H. Thompson era un nord-americà de Massachusetts nascut en 1856. Ha passat a la història dels estudis maies sobretot per haver dragat el famós pou o *cenote* de Chichén Itzá. El seu entusiasme pels maies li proporcionà el patrocini d'un ric mecenes del seu país, que no sols va aportar els diners, sinó que va fer que el nomenaren cònsol dels Estats Units a Yucatán i Campeche. Thompson va visitar diversos llocs arqueològics de la regió Puuc, a la modesta serralada que s'estén des del nord-occident de la península cap al sud i l'interior. Va explorar nombrosos *chultuns*, dipòsits subterranis que contenien principalment aigua, i excavà monticles habitacionals de la perifèria de les ciutats, anticipant-se així a l'interès de l'arqueologia moderna per aquestes empremtes dels camperols antics. Al començament del segle XX s'establí a Chichén Itzá i en 1904 començà a dragar el pou dels sacrificis, guiat per les descripcions dels cronistes espanyols i per les tradicions indígenes. Efectivament, els seus esforços van ser recompensats amb l'èxit; la idea de Thompson d'investigar els metres de fang del fons del profund *cenote* va produir una gran quantitat d'objectes importants, molts dels quals eren de materials peribles i s'haurien desintegrat amb la calor tropical si no és per les especials condicions regnants en el llot. Resines, fustes, cordes, màscares, vestimentes i adorns van eixir a la llum per primera vegada, i els arqueòlegs van poder imaginar breument que la

Fig. 6: Campament d'Alfred Maudslay a Quiriguá. (C. Baudez i S. Picasso, 1999, p. 2.)

península de Yucatán no tenia un clima tan destructiu i que es podien trobar als jaciments fràgils objectes quotidians, com feien els seus col·legues que treballaven a Egipte, Mesopotàmia o la costa del Perú. Igualment, el dragatge va revelar que en l'època de l'apogeu de Chichén hi havia un art dels metalls i un comerç d'aquests des de llocs tan distants com ara Panamà o Colòmbia, un fet bastant notable per a una civilització que durant més de mil anys va prescindir d'aquestes importants matèries primeres. Això no obstant, el treball del pou va proporcionar a Thompson maldecaps terribles: Teoberto Maler, que vivia llavors a Mérida i que, per raons ignorades, odiava el nord-americà, va oferir diners als treballadors del *cenote* perquè robaren les peces que hi apareixien i li les portaven.

Brunhouse suggereix que Maler va vendre aquests objectes o que, pitjor encara, va fondre els que eren d'or i argent per aconseguir millorar els seus mitjans de subsistència. És una història lletja que potser no ha estat investigada convenientment, però que encaixa molt bé amb la mala reputació de l'austríac. Com que, d'altra banda, Thompson treia fora de Mèxic, de contraban, les millors troballes, va arribar un temps en què les autoritats van reaccionar contra ell embargant-li la seua propietat a Chichén Itzá i forçant la seua marxa del país. Els darrers anys del cònsol arqueòleg van ser molt desgraciats i, com va succeir amb quasi tots els precursors, el seu treball no va ser reconegut pels primers practicants de l'arqueologia científica del segle XX.

Finalment, cal esmentar un diplomàtic anglès que va descobrir les escultures de Copán i Quiriguá i se'n va corprendre. Alfred P. Maudslay es va dedicar, entre els anys 1883 i 1894 a traure motles d'aquestes escultures, a mesurar-les i fotografiar-les. El seu treball meravellós amb escaiola i pasta de paper va fer que els europeus conegueren de manera directa algunes de les obres mestres de l'estatuària maia (fig. 6). Les seues superbes fotografies van ser publicades i revelaren detalls inesperats dels relleus i l'escriptura. Posteriorment va viatjar a Palenque, Tikal, Chichén Itzá i, sobretot, Yaxchilán, ciutat descoberta per ell amb Charnay, batejada amb el nom de *Manché,* i de la qual va extraure diverses llindes que es van remetre al Museu Britànic. El seu llibre *Biologia Centrali Americana:* que va veure la llum amb el canvi de segle, continua sent una referència bibliogràfica vàlida. Les seues exploracions són d'una minuciositat i una competència abans mai no aconseguides. Per a moltes persones, Maudslay és el primer arqueòleg modern de la història dels estudis sobre la cultura maia.

Encara que, de cap a cap de tot Mesoamèrica, les circumstàncies en què es produeixen els descobriments de les cultures antigues al llarg del segle XIX són molt semblants, el territori de la civilització maia posseeix unes característiques especials: unes grans dimensions, un clima tropical plujós, un bosc dens que tot s'ho engul, la població d'indígenes orgullosos i rebels. No es una empresa fàcil seguir ací la pista de les ciutats perdudes o dels monuments coberts per la brossa. Els exploradors de l'època eren, només per l'empenta i la decisió que requerien els seus viatges, homes excepcionals. Amb tot això, es pot elaborar una llista de trets de l'arqueologia maia precursora, uns trets que es desprenen amb naturalitat de les biografies d'aquests personatges fascinadors.

1. *Sorpresa.* Els primers arqueòlegs de camp són europeus o nord-americans. Visiten llocs fabulosos envoltats de la boira romàntica del seu temps, i es meravellen de la magnitud de les ruïnes, la raresa dels materials i de les tècniques utilitzades, la solitud en què dormen en la profunditat de la jungla (fig. 7).

2. *Misteri.* Les preguntes s'acumulen en les ments d'aquests intrèpids viatgers: qui va fer aquestes obres extraordinàries?, quina antiguitat tenen?, quina relació poden tenir amb els indis que viuen a Centreamèrica?, com és possible que els espanyols, els propietaris del continent durant centúries, no hagen deixat més notícies sobre aquestes meravelles?

3. *Singularitat.* L'art prehispànic no s'assemblava a res conegut. Quasi tots els exploradors del segle XIX havien estat a Orient, a Egipte, a Palestina, a Mesopotàmia, a l'Índia, i sabien valorar perfectament les obres de Grècia i Roma. Però el que van veure a Amèrica

Fig. 7: Visió aèria del nucli principal de l'assentament d'Oxkintok, Yucatán, Mèxic, 1988. (Foto Misió Arqueològica d'Espanya en Mèxic.)

resultava absolutament nou, nous estils artístics, formes insospitades, decoracions que desafiaven la imaginació.

4. *Aventura.* Travessaven aquells homes països joves, en guerra, amb poblacions espantades i violentes, amb cacics arbitraris i corromputs, on la vida no valia gens. Eren terres desconegudes, sense mapes, sense camins ni transports, pantanoses, arrasades per la malària, infestades d'animals verinosos, que calia recórrer amb mula o amb canoa afrontant tempestes formidables, sempre al caire del desastre.

5. *Antiquarisme.* L'objecte era més important que qui el va fer i l'utilitzà. Aquest interès per les obres d'art sovint va comportar el saqueig dels llocs arqueològics, dels quals s'arrancaven escultures per enviar-les a museus o per al gaudi personal, sense posar gens de cura d'anotar les condicions de la troballa o el context en què es trobava, sense valorar-ne la funció i el significat en el marc de la societat que l'havia creat (cat. 38). Quan se sentia aquesta inquietud, l'especulació era sempre escandalosa, perquè no recolzava sobre dades o fets verificables, objectius, ni tan sols en elaboracions intel·lectuals coherents, sinó en allò que podríem anomenar pressentiments imaginatius, o fantasies suggeridores. Per sort, alguns arqueòlegs del XIX es van limitar gairebé exclusivament a mesurar i a descriure, a fotografiar i calcar, i aquestes dades continuen sent vàlides encara.

6. *Imperialisme.* La majoria dels exploradors estrangers van ser arrogants i prepotents, pensaven que tenien un nebulós dret sobre les ruïnes pel fet de ser gent civilitzada i amants de l'art i de la ciència, i veien els governs i funcionaris dels països centreamericans si fa no fa com a bàrbars indesitjables, ignorants i àvids de diners.

7. *Indigenisme.* Tanmateix, va ser molt freqüent l'interès pels costums i els modes de vida de la gent que poblava el territori (cat. 46). Hi ha excel·lents descripcions de caràcter etnogràfic en els llibres dels exploradors, i a vegades van establir relacions cordials amb els seus guies, els qui els llogaven casa, els veïns, els seus treballadors o els servidors.

8. *Mistificació.* Hi havia molt d'artifici en els informes i els llibres redactats pels viatgers. A vegades, necessitaven subvencions i ajudes econòmiques, o buscaven

prestigi i reconeixement, i per aconseguir-los inventaven o exageraven. Es tractava en gran manera de cridar l'atenció, d'obtenir publicitat, i per això hi ha dades tergiversades i il·lustracions realment fantàstiques.

9. *Adaptació*. A pesar de la duresa de la vida al tròpic i de moltes contrarietats pel contacte amb gent d'una altra tradició cultural, la majoria dels exploradors del XIX van viure llargs períodes al país maia o s'hi van quedar per sempre. Quan tornaven als seus llocs d'origen patien greus crisis d'aclimatació, eren uns desarrelats que havien perdut definitivament la llar i la pàtria, els envaïa l'enyor i somiaven la tornada a Yucatán o a Guatemala.

10. *Difusionisme*. Des de l'època colonial, s'havia pensat que les civilitzacions precolombines eren producte de l'arribada de gent d'altres punts del planeta. El ventall de possibilitats anava des de l'Atlàntida fins a Egipte, passant pels fenicis, grecs, israelites, negres africans o xinesos. Els exploradors del XIX van fer bon ús d'aquestes idees perquè creien que només d'aquesta manera era possible explicar l'esplendor que contemplaven en aquelles ruïnes. El menyspreu cap als indígenes i les seues capacitats, en sintonia amb el que havien expressat els colonitzadors i els seus descendents, els criolls de les repúbliques independents, els posava al marge de qualsevol especulació sobre els autors de tantes obres magnífiques. Amb dificultat, alguns viatgers van suggerir el contrari, però en general, i fins ben entrat el segle XX, es van buscar connexions amb les civilitzacions del Vell Món.

11. En resum, l'època maia de Teoberto Maler va ser, per moltes raons, captivadora. Una plèiade d'homes

valerosos es van obsessionar amb un ideal arqueològic que havia estat dormit durant segles. Les seues proeses encara resulten atraients, i el que van fer i descobrir esdevingué els sòlids fonaments dels estudis moderns de la cultura maia, van parlar al món d'unes ciutats misterioses perdudes a les selves i van contribuir a desxifrar alguns dels enigmes més insondables. Les seues vides no ens poden deixar indiferents, i els que estimem la cultura i la terra dels maies tindrem sempre un deute amb aquells aventurers que van barrejar a parts iguals l'esplendor amb l'extravagància.

Bibliografia

Bacon, Edward (ed.), *The Great Archaeologists*. Bobbs-Merrill. Nova York, 1976.

Baudez, Claude-François, *Jean-Frédéric Waldeck, peintre. Le premier explorateur des ruines mayas*. Hazan. Farigliano, 1993.

Baudez, Claude, i Sydney Picasso, *Las ciudades perdidas de los mayas*. Ediciones B. Barcelona, 1999.

Bernal, Ignacio, *Historia de la arqueología en México*. Porrúa. México, 1979.

Bourbon, Fabio, *Las ciudades perdidas de los mayas. Vida, obra y descubrimientos de Frederick Catherwood*, Ed. Artes de México, Gobierno del Estado de Yucatán, México D.F., 1999.

Brunhouse, Robert L., *En busca de los mayas. Los primeros arqueólogos*. Fondo de Cultura Económica de México, 1989.

Desmond, Lawrence G., i Phyllis M. Messenger, *A Dream of maya. Augustus and Alice Le Plongeon in Nineteenth Century Yucatán*. University of New Mexico Press. Albuquerque, 1988.

Echanove Trujillo, Carlos, *Dos héroes de la arqueología maya: Frédéric de Waldeck y Teobert Maler*. Consejo Editorial de Yucatán. Mérida, 1974.

Vercoutter, Jean, *Egipto, tras las huellas de los faraones*. Ediciones B. Barcelona, 1999.

Willey, Gordon R., i Jeremy A. Sabloff, *A History of American Archaeology*, Thames and Hudson. Londres, 1974.

"*Tengo el honor de llamar la atención de U.E., sobre un proyecto que en este momento ocupa la atención de toda Europa, el que puede tener para los destinos futuros de Yucatán una extensión de incalculables consecuencias. Trátase pues, de las "Antigüedades mexicanas" cuya publicación dirigí, en unión de los señores de Humboldt, de Chanteubriand y Warden, antiguo cónsul general de los E.E.U.U. de Norte América [...]. Este gran proyecto, tan importante para la América en general, tiene para Yucatán un interés especial y casi exclusivo [...]. Nadie ignora que Yucatán es una mina inagotable de realidades históricas y arqueológicas, y de que hay más monumentos que ver y que estudiar en ese país, que en todo el resto de América*".

La càmera i la pedra: els camins de Teoberto Maler a Yucatán

Lilia Fernández Souza
Universitat Autònoma de Yucatán

Introducció

Quan s'aborda la personalitat i la figura de Teoberto Maler, resulta impossible destriar l'investigador rigorós, incansable i metòdic de l'ésser humà temperamental i apassionat. Aquests trets del seu caràcter van donar com a resultat, d'una banda, la seua portentosa obra llegada a la posteritat, i d'altra banda, la seua intensa participació en la història de la investigació de l'àrea maia, en interacció amb personatges de l'època tan assenyalats com ara Edward Thompson i Leopoldo Batres.

El punt central d'aquest treball el constitueixen els registres de Maler de llocs arqueològics de l'estat de Yucatán, Mèxic, com també una breu discussió sobre els estils arquitectònics observables en les seues fotografies. No obstant això, ens referirem, en principi, a dos aspectes que considerem fonamentals en el treball de l'investigador: el paper de Maler com a protector i defensor dels vestigis del passat del Yucatán, i algunes de les seues observacions generals sobre els llocs maies.

Maler en la defensa de les ruïnes

Segurament, la minuciositat i el detall dels registres de Teoberto Maler tenen un deute tant amb el seu ferri caràcter d'investigador com amb el respecte que l'antiga civilització maia i els seus vestigis li desvetlaven (cat. 12). Els seus escrits denoten, d'una banda, una immensa dedicació al seu treball i, d'una altra, una indignació que esclatava en trobar-se amb col·legues i tota mena d'individus amb gens d'escrúpols dels quals eren víctimes les ruïnes dels maies. Maler ho anota tot: des del vandalisme propi dels visitants inconscients fins a la deshonestedat d'alguns dels qui caldria esperar protecció per als llocs arqueològics. En visitar les ruïnes de l'antiga Chichén Itzá i el poble modern contigu, l'investigador austríac va observar:

"*La ruinosa iglesia de Pisté y su adjunto curato están edificados con piedras tomadas de los edificios más cercanos de Chichén Itzá; es decir, de los templos, de la Casa de Juego y de los mausoleos adyacentes [...]. Existe también en el patio una pila de piedra, procedente de las ruinas, con una cara humana adelante y una cabeza animal en cada lado, digna de ser colocada en algún museo*". (Maler 1932: 25-26)

El dany causat a estructures prehispàniques de la majestuosa Chichén Itzá, en el cas de les pedres de l'església, provenia de segles enrere; tanmateix, en el segle XIX no tenien millor sort:

"*...los visitantes incultos se divierten rasguñando con sus machetes toda pared limpia y todo dibujo curioso que encuentran; mientras que los visitantes cultos inscriben con lápiz o carbón sus preciosos nombres en todas partes*". (Maler 1932: 45)

Les queixes més amargues del savi austríac, les seues "tremendes i violentíssimes passions", com les ha descrites Mediz Bolio (1987: 195), es desencadenaven, amb tot, davant els seus col·legues, aventurers i arqueòlegs primerencs als quals no perdonava el tracte poc acurat que, segons el seu parer, dirigien als vestigis maies. Aquest va ser el cas d'Augustus Le Plongeon, al qual es va referir alguna vegada anomenant-lo "el imprudente Le Plongeon, con sus instintos vandálicos" (Maler 1910: 24). No es pot dubtar que l'enemistat més acèrrima li la professava a Edward Thompson, l'home que havia comprat la hisenda Chichén Itzá i que havia dragat el Cenote Sagrado. Maler no va amagar mai la seua indignació davant els danys causats pels "buscatresors", i denuncià saqueigs i destrucció a llocs com ara Uxmal i Xkichmol

(fig. 1), a més de la mateixa Chichén Itzá (Maler 1910). N'hi ha prou amb algunes de les seues paraules per percebre l'enuig profund i dolorós que envaïa l'investigador:

"¿Es en realidad permitido que cualquier extranjero o hijo del país se lance sobre estos templos y palacios de un glorioso pasado?" (Maler 1932: 35)

Generalitats i particularitats

No hi ha dubte que la gran estima que Maler sentia per les ruïnes maies igualava el coneixement que en tenia: en les seues agudes observacions, reflexionava sobre els assentaments i les seues relacions mútues, els seus edificis i iconografia, incloent-hi descripcions i interpretacions de funció o de significat; en tenim un exemple interessant en les seues referències a les calçades prehispàniques. L'agost de 1891, Maler abandonà la població de Ticul, Yucatán, en la qual residia llavors, per dirigir-se a Izamal i d'aquí a la gran ciutat maia de Cobá, localitzada en l'actual estat mexicà de Quintana Roo. L'investigador va arribar, i la va recórrer, a la calçada que portava a l'assentament prehispànic -ara se sap, provinent del lloc de Yaxuná-, i anotà, referint-se al nom maia dels camins, sacbé, o camí blanc: "parece indicar que el terraplenado estaba antiguamente cubierto de una densa capa de mezcla" (Maler 1932: 5). Va amidar i descrigué acuradament la calçada, i encara anà més enllà en concebre-la com a part d'una xarxa de comunicació antiga:

Fig. 1: L'Estructura 12 de Xkichmook, àrea de transició entre Yucatán i Campeche. (Foto F. Tec)

Fig. 2: La Piràmide de l'Endeví d'Uxmal, Yucatán. (J. Alcina, 1990, p. 199.)

"...dimos con el antiguo camino real de los mayas [...] que uniendo todas las principales ciudades del país, Nohpat, Uxmal, Cabahau, se dirige sobre Izamal a Chichén Itzá y Cobá, y de aquí, como se puede suponer, a Tulum y al embarcadero para Cozumel". (Maler 1932: 4, 5)

Les dades arqueològiques actuals permeten saber que no hi havia un únic sacbe que unia tots els assentaments esmentats per Maler, però també demostren que la importància que donava a les calçades no era immerescuda: els sacbeo'ob són, actualment, una de les peces clau en les discussions sobre jerarquia d'assentaments, relacions interlloc i organització territorial maia (Kurjack 1990: 314) (cat. 4).

Maler observava amb deteniment els edificis, i això li permetia fer anàlisis de seqüències arquitectòniques i inferir funcionalitat, como ara el cas del Temple de l'Endeví d'Uxmal (fig. 2), el qual, com va assenyalar l'investigador, va ser modificat per etapes i era, en els inicis, una estructura de crugies allargades -"un Palacio Sacerdotal", segons les seues paraules- per ser transformat posteriorment en una gran piràmide (Maler 1910: 23, 24).

Un altre tipus d'observacions generals es desprenen dels anys de recorregut a la selva; després de fotografiar i descriure esteles esculpides i esteles sense esculpir, va escriure:

"Cal assumir que totes aquestes esteles, ara llises, van estar alguna vegada cobertes per una capa d'estuc sobre la qual va ser executat tot tipus de figures i escriptura pictòrica..." (Maler 1911)*

Els detalls escultòrics i pictòrics dels edificis li van suggerir comentaris tant pel que fa al seu significat com al seu paper en el conjunt arquitectònic; va formular hipòtesis sobre la possible identitat de certs éssers representats, com ara els mascarons de pedra de llargs nassos a la regió del Puuc (fig. 3) -"¿cabezas de culebra?, ¿cara de Tláloc, dios de la lluvia?, ¿cara de Quetzalcóatl Kuculcán?" (Maler 1910: 25)- i va concloure que les escultures tenien valor únicament com a part dels conjunts a què pertanyien.

Tot i que amb la informació obtinguda durant la següent centúria d'investigació arqueològica a Yucatán sabem que, a vegades, les interpretacions de Maler no tenien fonament, el grau de detall de les seues descripcions ens permet aproximar-nos tant als

---

* La traducció és nostra.

Fig. 3: Un mascaró del déu de la pluja maia, Chac, que pertany a un dels edificis principals de Mayapán, Yucatán. (Foto F. Tec)

Fig. 4: La façana est del Laberint d'Oxkintok, Yucatán, Mèxic, 1988. (Misió Arqueològica d'Espanya a Mèxic)

aspectes generals com particulars dels llocs maies, tal com eren quan l'investigador els va recórrer en el segle XIX.

Els camins de Maler a Yucatán

Maler va dur a terme una sèrie d'expedicions a Yucatán i el nord de Campeche, i va recórrer llocs de les regions Puuc i Chenes, com també alguns situats al nord-est de la península. La primera i la més llarga expedició la va fer entre desembre de 1886 i juny de 1887: va viatjar cap al sud de la ciutat de Mérida i va recórrer llocs del Yucatán com ara Sayil, Labná, Kabah, Sabacché, Sacnicté, Maler Xlabpak, Huntichmul I, Chumcatzim i Chac, entre altres; en aquest mateix viatge, va recórrer igualment assentaments prehispànics de l'actual estat de Campeche, entre els quals hi ha Montebello, Xkalumkín, Xkombec, Selmet i Sodzil (Prem 1997: LII).

Durant la segona expedició, al novembre de 1888, Maler va visitar, entre altres llocs del sud de Yucatán, Acambalam, Chacbolai, Kiwic, Xkichmol i Nohcacab. Al juny següent, partí de la ciutat de Mérida, en una tercera expedició, a nous recorreguts d'assentaments de la regió de Los Chenes, a Campeche, entre ells Dzibalchén, Tabasqueño, Hochob i Dzibilnocac. Durant la quarta expedició, iniciada al març de 1890, l'investigador va treballar també als estats de Yucatán i Campeche, dels quals va recórrer pobles i llocs prehispànics: Maní, Oxkutzcab, Ticul, Santa Rosa Xtampak (Prem 1997: LIV, LV) (cat. 36).

En 1891, Maler es va dirigir cap a l'orient i hi va visitar les ciutats de Valladolid i Izamal, com també Chichén Itzá i Cobá, assentament aquest darrer localitzat a l'estat de Quintana Roo. Entre 1892 i 1893 va ser el torn, novament a Yucatán, de llocs com ara Uxmal, Oxkintok, Xkipché i Sihó, tots al sud de la ciutat de Mérida. En 1894 va recórrer, sempre cap al sud, Chunhabín, Sahbecán, Soh Laguna i Vená (Prem 1997: LV).

Durant els seus recorreguts, Maler va fotografiar façanes i monuments i va fer croquis i dibuixos minuciosos de plantes arquitectòniques (fig. 4), voltes, frisos, esteles i altars. A Uxmal, per exemple, descrigué el Temple de l'Endeví, del qual, com hem comentat adés, va realitzar una anàlisi de creixement arquitectònic i dels canvis funcionals de l'edifici (Maler 1910: 23, 24). Va traçar plànols del Palau de les Tortugues, el Palau del Governador i el cementeri, i dibuixà peces escultòriques entre les quals hi ha un tron de jaguar bicèfal i un cap humà del Temple dels Fal·lus (Maler 1997: 231-234). A Oxkintok, va descriure i dibuixà un dels edificis més coneguts, l'anomenat Laberint o Satunsat (Maler 1997: 235, 236) (fig. 4). Amplària d'obertures, alçària de frisos, amplitud de cambres, localització i tall de cisternes (chultuns), inclinació d'escalinates i situació de cresteries, com també monuments exempts com ara les grans esteles del lloc de Sihó, van ser també objectius de la càmera, el llapis i el paper de l'investigador.

Els estils arquitectònics dels llocs de Yucatán

Els camins de Teoberto Maler el van dur a fotografiar i dibuixar edificis de característiques variades; les tècniques constructives i la decoració de l'arquitectura maia tenen elements comuns que permeten identificar-les com a pròpies d'aquesta cultura, però també mostren diferències en l'espai i el temps que han portat diversos investigadors a proposar la identificació d'una sèrie d'estils arquitectònics. De manera molt general, podríem esmentar, en les rutes de Maler anteriorment anotades, llocs amb edificis dels estils anomenats actualment Puuc, Chenes, Río Bec i maia-mexicà.

La regió coneguda com Puuc rep el nom del terme maia que significa "zona muntanyenca", el qual també es feia servir per denominar l'estil arquitectònic propi d'aquesta àrea. Alguns dels llocs més coneguts de la ruta Puuc del Yucatán són Uxmal, Labná, Sayil, Kabah, Oxkintok, Kiwic, Chacmultún i Xkipché, per esmentar-ne només uns quants. Tot i que l'estil Puuc no es pot separar de manera categòrica d'uns altres estils arquitectònics de la península de Yucatán, com ara el Río Bec i el Chenes, ens limitarem a la descripció del primer perquè la majoria dels seus llocs característics es troben compresos dins les fronteres de l'estat de Yucatán, objectiu d'aquest treball.

L'arquitectura de la zona Puuc va patir una sèrie de transformacions al llarg del temps, com a resultat de processos locals i interaccions entre diverses regions. Autors com ara Pollock (1980) i Andrews (1995) han denominat els estils de la manera següent:

1. *Oxkintok primerenc* (*ca.* 300-550 dC)

2. *Proto-Puuc* (*ca.* 550-710 dC)

3. *Puuc primerenc* (*ca.* 710-850 dC)

4. *Puuc clàssic o tardà* (850-1000 dC)

Al seu torn, el Puuc clàssic s'ha subdividit en els estils Junquillo, Mosaic i Uxmal tardà (cronologia presa de Vidal 1999).

L'estil Oxkintok primerenc es caracteritza per edificis de motlures basals senzilles o inexistents i murs elaborats amb una maçoneria de blocs toscos; les voltes solen ser de lloses, escalonades o en forma de coll de botella, i les façanes superiors sense motlures; s'hi ha trobat evidència de façanes volades i cresteries, però la decoració no degué haver estat de pedra, ja que no se n'han trobat vestigis, sinó d'estuc (Pollock 1980: 584). Entre els llocs d'aquest estil visitats per Maler es troba el mateix Oxkintok, del qual va dibuixar, com ja s'ha dit adés, el Laberint, una de les etapes constructives del qual és un exemple clar de l'estil Oxkintok primerenc.

L'estil proto-Puuc disposa de motlures basals senzilles, però un poc millor acabades que en l'estil Oxkintok primerenc. Els murs estan fets amb blocs de revestiment amb un nucli prim al mig, i són els mateixos blocs els que carreguen el pes; s'hi pot trobar cornises d'un, dos o tres membres i hi ha una certa evidència de decoració d'estuc i formes geomètriques en algunes cresteries (Andrews 1995: 16).

Fent una comparació entre ambdós estils arquitectònics, Andrews (1986: 89) va fer notar el següent:

"Si bien existen algunas diferencias entre los estilos Oxkintok Temprano y Proto-Puuc en cuanto a elementos arquitectónicos y decorativos, la principal diferencia se halla en la técnica constructiva. Muchos edificios Proto-Puuc tienen muros formados por bloques pequeños, toscamente labrados, sobre un delgado núcleo de concreto; elementos que se adelantan a la tecnología Puuc Clásica. Sería más cómodo considerar a los estilos Oxkintok Temprano y Proto-Puuc como uno solo, pero hemos señalado su diferenciación a fin de recalcar diversidades estilísticas."

Per a Pollock (1980: 584), l'estil arquitectònic proto-Puuc "representa una fase de transició que sembla haver tingut els orígens en l'estil Oxkintok primerenc, però també s'estén cap a formes i pràctiques més tardanes del Puuc."*

Entre les seues característiques esmenta voltes que difereixen poc de les de l'estil Oxkintok primerenc, potser amb un poc menys d'èmfasi en l'escalonament. La volta escalonada constitueix un element de discussió ja que, encara que Pollock ha anotat exemples d'escalonament en aquest estil arquitectònic, tant Vidal (1999) com Muñoz Cosme (1990) coincideixen en què aquest és un tret privatiu de l'estil Oxkintok primerenc.

Tot i que encara es troba en discussió, entre els llocs proto-Puuc que Maler va visitar podria esmentar-se Sihó, un dels edificis del qual, l'Estructura 16, té una volta escalonada. De fet, Maler (1997: 240, 241) va dibuixar una volta escalonada d'aquest lloc, i també un croquis del centre de l'assentament i alguns elements escultòrics. En les seues fotografies s'observen algunes de les grans esteles del lloc (cat. 37).

En l'estil Puuc primerenc hi ha motlures basals senzilles i baixes, rectangulars i relativament ben tallades. Els murs varien del tipus de construcció de blocs amb poc nucli, com en el proto-Puuc, a maçoneria de revestiment, que Andrews (1995: 29) anomena "de transició". S'hi observen motlures mitjanes i decoració que a vegades inclou baixos relleus en muntants, llindes o capitells, escultura en estuc en els murs superiors o les cresteries, i pedres tallades amb dissenys com ara diamants o trapezoides (Andrews 1995: 30) (fig. 5). Maler va registrar llocs amb edificis d'arquitectura Puuc

* *La traducció és nostra.*

primerenc, entre els quals es poden esmentar Halal, Sayil, Labná, Kabah, Chacmultún, Oxkintok, Kiwic i Xkalumkín, encara que moltes de les seues fotografies corresponen a estructures d'estils posteriors.

Dins els estils del Puuc clàssic, l'estil Junquillo es caracteritza per motlures basals de tres membres amb columnetes en el membre medial; els murs solen ser de nuclis de formigó armat revestits amb pedres ben tallades, habitualment de majors dimensions que el dels estils anteriors. S'han registrat motlures medials de tres i quatre membres, amb columnetes, i ocasionalment fins de cinc membres. La zona superior dels murs es troba igualment coberta de columnetes; no s'hi troben cresteries quasi mai. La decoració es limita a les columnetes llises (cat. 5), o amb lligada (cat. 6), substituïdes ocasionalment per esferes de pedres (Andrews 1995: 44, 45).

Llocs amb estil Junquillo presents en els registres de Maler són Acambalam, Kabah, Kiwic, Oxkintok, Uxmal i Yaxché Xlabpak. A Kabah, l'anomenat per Maler "palau amb fris de columnetes" n'és un dels exemples més característics. Bons exemples són també les fotografies preses a Xlotsal i Xpubiltuch (Maler 1997, fotos 258 i 259).

L'estil Mosaic sol tenir motlures basals de tres membres amb columnetes en el membre central; els murs són, com en l'estil Junquillo, de nucli revestit de pedres ben tallades. Les motlures mitjanes tenen dos, tres, quatre o fins a sis membres, a vegades decorats amb motius geomètrics; les motlures superiors solen ser paregudes a les mitjanes, amb algunes insercions d'elements redons que representen escuts. Les voltes s'han elaborat, com en l'estil Junquillo, amb pedres de les denominades "de bota". La decoració dels edificis d'aquest estil es compon, como ho indica el seu nom, de pedres tallades i col·locades a tall de

Fig. 5: Estructura I d'Ichpich, àrea de transició entre Yucatán i Campeche. (Foto F. Tec)

mosaics creant figures com ara mascarons (cat. 8), greques i altres dissenys geomètrics, a més de mostrar encara columnetes llises o amb lligada (Andrews 1995: 65, 66).

Maler va registrar estructures de llocs amb estil Puuc Mosaic a Labná (cat. 9), Vená Kabah (cat. 10), Uxmal, Kiwic i Chacmultún (cat. 7), entre altres. Un dels exemples més característics és l'Arc de Labná, del qual l'investigador austríac va fotografiar els dos costats, ja que presenten decoració diferent (Maler 1997, foto 123, 124).

Finalment, l'estil Uxmal tardà mostra motlures basals de tres membres amb grups de tres i quatre columnetes en el membre central i murs baixos llisos; els murs són, de la mateixa manera que en els dos estils anteriors, de nucli revestit amb pedra ben tallada i les motlures mitjanes i superiors solen ser de tres membres. Les voltes s'han elaborat amb nuclis de formigó armat i s'han revestit amb pedres especialitzades del tipus "bota". Els edificis de l'estil Uxmal tardà es decoraven cobrint les zones superiors dels murs amb dissenys geomètrics i mascarons de mosaic; a diferència de l'estil anterior, es troba en la decoració caps i cossos de serps, mentre que les columnetes ja no solen trobar-se presents en aquestes zones (Andrews 1995: 84, 85).

L'estil Uxmal tardà s'ha identificat en diversos edificis d'Uxmal, com ara el Quadrangle de les Monges, el Palau del Governador i el Temple V de l'Endeví. Com s'ha indicat adés, Maler va realitzar descripcions d'aquests tres edificis i va dibuixar alguns elements característics de la decoració.

En el seu viatge cap a l'orient de Yucatán, Maler va arribar a un dels més imponents assentaments prehispànics: Chichén Itzá. En aquest lloc, de manera general, s'ha plantejat la presència de trets arquitectònics i escultòrics englobats en dos estils que han estat anomenats florent pur i florent modificat; el primer d'aquests mostra diversos elements dels estils del Puuc, com ara els murs baixos llisos i la decoració de mosaic, mentre que el segon, també anomenat maia-tolteca o maia-mexicà, és el més característic de la ciutat Itzá i es considera un estil més "cosmopolita" perquè integra alguns trets del centre de Mèxic, Oaxaca i la costa del golf (fig. 6). Atés que el recorregut de Maler per l'assentament es tracta en altre treball d'aquesta exposició, ens limitarem a assenyalar els elements més notoris de l'estil maia-mexicà, com ara pedres de revestiment ben tallades, entrades tripartites, cabirons a les escalinates i elements escultòrics exempts o com a part dels edificis, entre els quals hi ha serps emplomallades que sostenen les bigues de les entrades,

portaestendards, trons i diversos exemplars del personatge a qui Le Plongeon va anomenar Chac Mool, un baró reclinat que habitualment sosté un plat sobre el ventre. La cronologia aproximada d'aquest estil és de 850-1100 dC.

Consideracions finals

Resulta impossible, en un espai tan breu, resumir la importància de la contribució de Maler a l'arqueologia maia, tot i que clarament es pot percebre en les imatges exhibides durant aquesta exposició, com també en les seues descripcions i comentaris referents a l'immensa quantitat de llocs que va visitar dins i fora de la península del Yucatán. Trets que s'hi mantenien drets quan l'investigador recorria els assentaments amb la càmera a la mà, com ara alguns mascarons d'estuc, avui no existeixen i només en tenim el seu registre minuciós per tornar un poc en el temps, esquivant els danys causats per la vegetació, el clima o l'home. Teoberto Maler, l'investigador incansable, l'home enamorat d'un passat llunyà gloriós i perdut, ha estat consultat, citat i recordat pels qui el van conèixer i el tractaren o per aquells que s'han acostat a la seua obra i han intentat salvar-la i compilar-la, per tal de recuperar així dades i imatges que d'una altra manera s'haurien perdut irremissiblement. Maler representa una època que ha desaparegut, en la qual els compromisos, els obstacles i els sacrificis eren ben diferents dels que els investigadors acarem avui dia. Si ell haguera pogut mirar el futur i recórrer la història de l'arqueologia maia moderna, no hauria dubtat gens que, amb la seua càmera i les seues llargues rutes per la selva, també va trobar el camí de la immortalitat.

Fig. 6: Un dels edificis del complex arquitectònic de les Monges de Chichén Itzá, Yucatán. Foto de T. Maler, 1886-1892.

Bibliografia

Alcina, José, *El arte precolombino*, Akal, Madrid, 1999.

Andrews, George F., *Los estilos arquitectónicos del Puuc. Una nueva apreciación*. Colección Científica INAH, número 150. México, D.F., 1986.

Andrews, George F., *Pyramids and Palaces, Monsters and Masks. The Golden Age of Maya Arquitecture*. Labyrinthos, 3064 Holline Court, Lancaster, California, 1995.

Kurjack, Edward, "Political Geography of the Yucatecan Hill Country. Hidden Among the Hills". *Acta Mesoamericana 7*. Verlag Von Flemming, Bonn, 1999.

Maler, Teoberto, *Historia de las ruinas de Chichén Itzá*. Mecanoscrit, 1910.

— *Explorations in the Department of Petén Guatemala*. Memoirs of the Peabody Museum of American Archaeology and Ethnology, vol. V, núm. 1, Universitat de Harvard, Cambridge, 1911.

— *Impresiones de viaje a Cobá y Chichén Itzá*. Edit. José E. Rosado. Mérida, México D.F., 1936.

— *Península Yucatán*. (Editat per Hanns J. Prem.) Gebr. Mann Verlag. Berlín, 1997.

Mediz Bolio, José Antonio, *El iracundo sabio don Teoberto Maler. A la sombra de mi ceiba*. Editorial Dante, México D.F., 1987.

Muñoz Cosme, Alfonso, "Laberintos, pirámides y palacios. Las fases arquitectónicas de la ciudad de Oxkintok". *Oxkintok 3*, ps. 99-111. Misión Arqueológica de España en México. Ministeri de Cultura. Madrid, 1990.

Pollock, Harry E. D., *The Puuc. An Architectural Survey of the Hill Country of Yucatan and Northern Campeche, Mexico*. Peabody Museum of Archaeology and Ethnology. Volume 19. Harvard University. Cambridge, Massachusetts, 1980.

Prem, Hanns J., *Die Reiserouten von Teobert Maler*. Península Yucatán. (Editat per Hanns J. Prem.) Gebr. Mann Verlag. Berlín, 1997.

Vidal Lorenzo, Cristina, *Arte, arquitectura y arqueología en el grupo Ah Canul de la ciudad maya yucateca de Oxkintok*. BAR International Series 779. Oxford, 1999.

57

"Partimos, pues, para nuestra expedición, con estas favorables circunstancias, contentos y en buena salud, llevando recomendaciones del gobierno para sus dependientes en varias secciones del país, y de los periódicos, para que nos recibiesen con hospitalidad en el interior. Teníamos delante una región nueva y aún no explorada, en que podíamos esperar que hallaríamos diariamente nuevas escenas. Había sin embargo un inconveniente; y era que carecíamos de un criado o mozo de cualquier especie, pues nuestros amigos no habían logrado proporcionarnos el que necesitábamos. Después de todo eso, no nos causaba mucha molestia su falta."

L'arquitectura maia a la regió de Campeche

M. de los Ángeles Cantero Aguilar
Institut Nacional d'Antropologia i Història de Yucatán, Mèxic

Antecedents

Al vell continent, l'afany de conèixer les ciutats de les quals tant havien parlat els cronistes en els seus múltiples relats del nou món, esdevingué fascinació per als antiquaris i viatgers, els quals comencen les expedicions per aconseguir un contacte directe i extraure belles peces de col·lecció d'aquestes ciutats perdudes en terres llunyanes. Però més enllà dels relats escrits hi ha el retrobament de l'home amb les ciutats perdudes a les selves, de les quals abans no se n'havia parlat mai.

I la història continua escrivint-se amb l'arribada de la indústria xiclera a les selves verges de Campeche a principi de 1900, durant la recerca de l'acres, l'arbre del qual s'extrau el xicle, la resina per a la producció del xiclet. Molts exploradors d'aquestes companyies van ser els primers a trobar aquestas ciutats maies, ja en ruïnes, que van anomenar "cases dels antics", amb la idea que hi van viure els seus avantpassats. N'eren tantes les que trobaven en travessar l'espessa selva que, a poc a poc, van anar donant-hi els noms dels seus campaments provisionals, els quals eren generalment propers als llocs amb prou aigua per proveir-se'n (Cantero 1997: 17).

La informació verbal d'aquestes troballes va atraure l'atenció d'estudiosos i interessats a conèixer els vestigis

Fig. 1: La façana principal de l'edifici de Kabah conegut com el *Codz Pop*. (F. Bourbon, 1999, p. 169.)

que hi havia a les selves del centre i del sud de la península del Yucatán. D'aquesta manera, també es va cridar l'atenció dels saquejadors. Tot i això, però, els xiclers han tingut un paper determinant en aquesta història, ja que han estat ells els qui:

> *"guien l'arqueòleg a través d'estretes senderes amagades per la vegetació, ja que només ells saben on es troben les ruïnes i on trobar l'aigua necessària per dur a terme el viatge."* (Proskouriakoff 1968: 57)

Els primers visitants

L'aventura i el desig de ser dels primers a veure els vestigis de civilitzacions perdudes comportà l'aparició dels primers visitants, l'interès dels quals pel seu coneixement ja era diferent, i que es convertí en la descripció i l'enregistrament, de la millor manera possible, de tot allò que se'n podia observar. Aquestes expedicions disposaven d'un important equip de treball, entre el qual incloïen un dibuixant i, altres vegades, el material més nou de l'època, *la càmera fotogràfica*.

En 1840 es van fer les primeres expedicions a la península, efectuades pel nord-americà John Stephens i l'anglès Frederick Catherwood (fig. 1); més tard s'hi afegeix, en 1886, l'austríac Teoberto Maler, que va fer-hi sis expedicions, en les qual recopila una gran quantitat d'imatges fotogràfiques dels llocs que visita, i informació sobre aquells de què va tenir notícies (G. Andrews 1988, R. Zapata Peraza 1989, P. Schmidt 1990, dins Bueno Cano 1999: 27). Més tard, en 1906 i 1908, l'explorador francès Maurice de Perigny recorre una bona part de la regió del sud-est i visita llocs que no havia visitat Maler. Posteriorment, durant els anys 30, la Carnegie Institution of Washington enceta una sèrie d'expedicions a Campeche, en les quals Sylvanus Morley, Karl Ruppert i John Denison registren una quantitat sorprenent d'assentaments i en tracen els mapes, com ara Calakmul, La Muñeca, Alta Mira, Monterrey, Oxpemul, Uaacbal, Becán, Channá, els grups I, II, III i IV de Río Bec, Noh-Sayab (estació xiclera), Payán, Hormiguero, Pasión de Cristo, Xpuhil i Zoh Laguna, entre altres (Ruppert i Denison 1943: 1, 2 i 3) Alberto Ruz Lhuillier (1945), que va fer recorreguts per la zona de Candelaria. Altres investigadors que han augmentat el coneixement de

l'arqueologia de Campeche són Willy Andrews IV, Román Piña Chan i Pavón Abreu. I a hores d'ara, les investigacions es mantenen amb els treballs d'investigadors de l'Institut Nacional d'Antropologia i Història.

Al territori que demarca aquest estat, hi ha presents quatre estils arquitectònics que representen un gran desenvolupament cultural dels antics maies: els estils Petén, Río Bec, Chenes i Puuc, que són la manera més bella de contemplar la glòria del passat quan es visiten aquestes terres.

El Petén de Campeche

La major part de les ciutats que corresponen a aquest estil es troben situades al departament del Petén, l'autèntic cor de Guatemala. En aquest territori es localitzen, entre moltes altres, les del Mirador, Uaxactún, Tikal, Copán, Pared de Reyes, Naranjo, etc., i cap a terrenys de Mèxic l'estil s'exemplifica a la ciutat de Calakmul, al Petén de Campeche.

Aquesta regió estilística es caracteritza per grans i petites acròpolis, estretament relacionades amb els punts cardinals, un fet que queda simbolitzat pels edificis que delimiten els espais de les places construïdes sobre alts basaments, els quals a vegades ocupen terrenys elevats. Aquests basaments piramidals s'han construït amb nuclis de pedra i barreja, revestits amb blocs de pedra engaltada incrustada a vegades profundament en els murs, cosa que n'ha permès una bona conservació fins als nostres dies, però altres vegades només s'ha aplicat superficialment, i això ha provocat ensulsiades. Les cantonades d'aquests cossos presenten els angles entrants i sortints (Marquina 1964) (cat. 22). En els cossos del basament, generalment hi ha cambres laterals, a les quals s'accedeix a través d'una escalinata adossada a l'escalinata central que supera l'alçada del basament i porta a la plataforma superior, en què es presenta un temple.

Els temples que coronen els grans basaments es completen amb la presència d'una cresteria carregada sobre el mur posterior, el qual, per tant, sol ser més ample (cat. 25). La tècnica de l'ensostrament, que s'origina en aquesta regió, anomenada *volta maia* o *volta falsa*, es construeix en exercir pressió vertical filades de pedres sortints sobreposades progressivament fins que queden unides amb una tapa que tanca la volta (cat. 27). Les llindes de l'obertura de les portes són de pedra o de fusta d'acres i carreguen un sector de volta, on es col·loca el fris, que presenta una inclinació com a resultat de la inclinació interior.

És comú, en aquestes ciutats, l'ús d'esteles i altars amb inscripcions, i en l'escultura s'utilitza la tècnica del baix i l'alt relleu, com també la construcció de grans mascarons, revestits amb capes gruixudes d'estuc modelat i policromat als dos costats de les escalinates, com a Tikal i Mirador a Guatemala, i Calakmul, Balamkú i El Tigre a Campeche.

Aquestes estructures produeixen una sensació de magnificència i imponent majestuositat, com en el cas de les estructures I i II de Calakmul, i en altres casos, en canvi, disminueix aquesta visió. En tenim un exemple en l'Estructura I, de la ciutat de Balamkú o Temple del Jaguar, els basaments piramidals de la qual són de quatre cossos de menor grandària, però amb les mateixes característiques dels grans basaments i decoració del Petén, com es presenta en el fris estucat de la subestructura 1-A.

El Río Bec

Aquesta regió situada al sud-est de Campeche "marca el principi d'un estil que anà estenent-se cap al nord" (Marquina 1964: 717). El coneixement que es té de la regió es va iniciar a partir dels viatges del francès Maurice de Perigny, el qual hi trobarà una arquitectura distinta a la coneguda del Petén i del nord de Yucatán: els edificis descoberts presentaven unes torres molt altes i esveltes sobre plataformes d'un únic nivell. A poca distància de les ruïnes, Perigny va travessar el llit d'un riu de temporal vorejat de roures, que en llengua maia de Yucatán es denomina *bec*. Aquesta zona ja

era coneguda per la gent de la zona amb el nom de *Bec*; això no obstant, Perigny tornà a anomenar el lloc com *Río Beque*, o "riu del roure" (Perigny 1908, dins Bueno 1999: 27).

En l'arquitectura, sembla que l'orientació de les estructures no segueix cap lineament específic, ja que el terreny és part essencial de l'ordenament. Les característiques arquitectòniques presents en aquesta regió es defineixen en un pla horitzontal que queda afectat per les altes i esveltes torres coronades per templets superiors. Els basaments del tipus "palau" consisteixen en una crugia dividida en diverses cambres amb dos o més accessos, i la seua façana és la que hi predomina (Gendrop 1983).

En aquest territori, les grans piràmides són poc comunes, com ara les estructures IV, IX i X a Becán. El volum de les construccions esdevé més geomètric i els seus espais interiors es fabriquen més amplis. Alguns cossos dels basaments presenten crugies escalonades, les cambres dobles de les quals, generalment, presenten banquetes decorades amb nínxols i tamborets. Els murs interiors són recoberts amb carreu de mala qualitat, a diferència del que s'ha utilitzat en les façanes. La volta és sortint i elaborada amb "talons de pedra". L'ampli i alt espai denominat complex arquitectònic del tipus acròpolis només està present a la ciutat de Becán (edificis I, II, III, III-a i IV). Les esteles són escasses i les inscripcions jeroglífiques també són rares, tret de les inscripcions a la façana de l'Estructura II de Chicanná (fig. 2).

> *"Hi ha un mínim de* sacbes *(camins blancs) o calçades. A Becán només n'hi ha dos (Thomas 1981) i Andrews en reporta un més a Manos Rojas"* (Bueno 1997: 68).

Fig. 2: La façana principal de l'Edifici II de Chicanná, Campeche. (Foto G. Muñoz)

Fig. 3: L'Estructura I de Xpuhil, Campeche. (Dibuix T. Proskouriakoff, 1976, p. 53.)

La cresteria usual a la regió generalment va col·locada sobre el mur mitjà de la crugia; aquestes solen ser calades amb decoració realitzada a base de mascarons col·locats en espigues, com l'Estructura I a Xpuhil, Grup II (fig. 3).

Com s'ha dit adés, l'element més representatiu en aquesta regió són les altes i esveltes torres, que flanquegen edificis rectangulars o de tipus palau. Aquestes torres, de cossos semiquadrats amb motlures que en disminueixen el volum, presenten cantonades arredonides, amb una decoració que estrafa unes escalinates centrals amb cabirons laterals, les quals sembla que porten al temple superior, decorat amb una façana zoomorfa integral de cantonades arredonides i decorades amb devessalls del rostre del déu nassut -potser Chac, déu de la pluja- (en són exemples l'Edifici I del Xpuhil I, i II i VI d'Hormiguero; en aquest, l'accés és possible a través d'aquestes pseudoescalinates).

Com ja s'ha dit, la façana d'aquestes construccions és el tret predominant en l'arquitectura, i Paul Gendrop (1983) les ha classificades de la manera següent:

Portades zoomorfes integrals: és la presència al voltant d'una porta (real o simulada) d'una gola serpentina que es complementa amb un ample mascaró frontal superior per donar a la portada l'aspecte d'una boca del monstre de la terra (Edifici II de Chicanná) (cat. 16).

Portades zoomorfes parcials: consisteixen en la combinació d'un ample mascaró superior (situat al fris de la façana), amb dos plafons verticals o devessalls de mascarons-compostos generalment de mascarons idèntics entre si- que es retallen en els paraments de façana als dos costats de la porta, usualment de perfil (edificis X i XX de Chicanná, I de Xpuhil Grup 1, IV de Becán, D-I de Río Bec, entre altres); també hi pot figurar excepcionalment de cara, com en les ales de l'Edifici II d'Hormiguero. Altre dels exemples es l'Estructura II de Hochob (cat.17).

Façana tripartita: és quan l'edifici és dividit en tres volums clarament diferenciats tant horitzontalment com verticalment, fent ressaltar el cos central no sols per la seua cresteria i la portada d'opulenta ornamentació, sinó per la seua porció més elevada que el de les ales (Edifici II de Hochob, i II d'Hormiguero) (Gendrop 1983: 79 i 85). Río Bec es distingeix del Petén en què en aquest preval una harmonia entre el paisatge i la ciutat (cat. 15).

Estil arquitectònic de Los Chenes

L'arquitectura d'aquesta regió al nord de Río Bec difereix lleugerament de la del Río Bec. El seu nom ve de la paraula maia *chen*, que vol dir "pou", i al·ludeix als pous excavats en l'època prehispànica al voltant dels quals hi van viure les comunitats precolombines i colonials: assentaments actuals com ara Hopelchén, Dzibalchén, Bolonchén (nou pous) i altres en són la conseqüència (fig. 4). L'arquitectura de la regió es manifesta en la composició tripartita (Edifici II de Hochob), el fris és lleugerament vertical, les cantonades i la motlura mitjana i superior engruixides donen al fris un aspecte de plafó (Gendrop 1983: 117). Les façanes tenen una ornamentació recaragolada. En aquest estil hi ha un fort desenvolupament de la façana amb la forma de la boca del Drac Celestial: pràcticament no es troben espais sense decorar a les façanes dels edificis Chenes (Thompson 1995, dins Bueno 1999: 33). Com a exemple d'aquesta arquitectura, parlarem de tres llocs importants com ara Hochob, Dzibilnocac i Santa Rosa Xtampak, aquesta darrera catalogada com a Chenes i Puuc.

El primer és Hochob, "lloc en què es guarden les panotxes" (cat. 14), amb un palau sacerdotal de tres cambres, anomenat així per Maler en 1887, que correspon a una estructura de portada zoomorfa integral que substitueix l'ús de les esveltes torres que generalment flanqueja les construccions amb dos blocs:

> *"simètricament col·locats, que es componen d'un petit sòcol, dues pilastres separades amb un motiu de motlures encreuades diagonalment, i una espècie de sostre estilitzat format per plans inclinats que sobresurten lleugerament l'un sobre l'altre, coronats amb grans caps amb orelleres decorades amb llengües bífides"* (Marquina 1964: 727).

Fig. 4: Gravat de F. Catherwood del *cenote* de Bolonchén, Yucatán. (F. Bourbon, 1999, p. 97.)

En aquesta regió comencen a aparèixer característiques que després defineixen l'estil Puuc, com ara les columnates i els mosaics (G. Andrews, dins Hellmuth 1989). El seu sostre va suportar una cresteria calada de dos nivells, decorada amb bandes de personatges drets. Aquestes construccions, a més a més, continuen presentant cantonades arredonides, amb murs verticals sense decoració, però amb l'ús de motlura basal i superior, i amples escalinates funcionals. Un altre tret d'aquesta arquitectura es localitza en l'Estructura V, o els que Maler va anomenar *temples I i II*, on hi ha basaments que sustenten un temple superior amb portada zoomorfa integral, amb cantonades arredonides en què s'observen els devessalls de mascarons del déu nassut. El temple s'acaba amb la presència d'una cresteria calada, decorada amb restes de figures antropomorfes.

Un edifici semblant a l'anterior, a Dzibilnocac, és l'anomenat per Maler *Gran Temple Palau*; en aquest basament es desploma un temple torre que, de manera diferent a les torres de Hochob, no va tenir funcionalitat.

Santa Rosa Xtampak, a 20 milles al sud d'Uxmal, és una ciutat que inclou els estils Puuc, Chenes, Río Bec i Petén en les seues construccions. És, a més a més, el major lloc a la regió de Los Chenes, però la seua importància, per a George Andrews, va més enllà de la bellesa dels seus edificis ben preservats, ja que la presència de diferents estils arquitectònics, segons el seu parer, significa que es troba en una regió en què conviuen els estils Río Bec, Chenes i Puuc. La temporalitat d'aquests apogeus constructius reforça la seua hipòtesi, ja que el Puuc és el més tardà de tots, i el seu estil florent sembla originar-se i madurar a Los Chenes (Andrews, citat per Hellmuth 1989: 11).

El Puuc

> "Juntament amb Uxmal, Kabah, Sayil i Labná, Santa Rosa Xtampak forma el cor del Puuc, la zona muntanyenca. La seua àrea d'influència arriba tan lluny que abraça al sud-oest la ciutat d'Edzná." (Hellmuth 1989: 11)
> "Tenint aparentment Xcalumkín com a principal fogar de desenvolupament, el sector oest (bàsicament on avui és territori de Campeche) és llavors l'escenari d'una important eclosió d'entrades porticades i marcs interiors esculpits amb textos glífics i personatges afaiçonats en alt i baix relleu." (Gendrop 1983: 218)

Aquest estil arquitectònic és el més elaborat dels dos anteriors. Es caracteritza per la presència de murs revestits amb carreu ben llavorat i l'ús de pedra bisellada que forma els murs de la volta. Les seues façanes estan bellament decorades amb l'ús de taulers talús, columnes monolítiques que formen pòrtics o a tall de muntants, pilastres que donen origen a un o més accessos, cresteries de murs calats situades -de la mateixa manera que en el Río Bec- en el mur central de les dobles crugies.

Les àmplies cambres arriben a presentar banquetes, igual que en el Petén, el Río Bec i el Chenes. Pel que fa a la divinitat caracteritzada a les façanes dels principals temples, sempre és la imatge omnipotent del déu Itzam Ná. A més, la presència d'esteles i escriptura sobre pedra en aquesta regió, igual que en el Petén, és molt comuna.

A la ciutat d'Edzná, Campeche, hi ha columnes monolítiques del Puuc, cresteria de murs calats a la manera del Río Bec, banquetes en àmplies cambres i basaments amb diversos cossos que en realcen l'alçada, es el cas de l'Estructura dels Cinc Pisos (fig. 5). Altres edificis tenen algunes de les cantonades arredonides i altres en angle reposat, com els temples del Petén (Temple del Sud). El pati Puuc presenta diverses plataformes baixes allargades en què varien el nombre de cambres i la grandària de les escalinates; el carreu que revesteix les construccions és ben tallat, es fan servir tamborets de pedra en intervals regulars i s'han limitat amb una motlura senzilla com a decoració de façana. En algunes subestructures, s'hi han observat columnes amb capitell, arc fals, escalinates amb cabirons i amb empremtes summament estretes, a la manera Chenes (Benavides 1997: 56). També s'hi utilitzen mascarons de mosaic de pedra a l'estil Puuc. i hi ha grans mascarons d'estuc modelat i pintat del tipus Petén, representant la divinitat solar.

Fig. 5: Un dels costats de la Piràmide dels Cinc Pisos d'Edzná, Campeche. (Foto G. Muñoz)

Conclusions

Alguns elements arquitectònics que caracteritzen un estil solen fer acte de presència en les diferents fases constructives d'edificis estilísticament diferents; això ens indica que, en la tecnologia constructiva, entre les regions s'observen encavalcaments, que responien a usos i necessitats en cada manifestació.

Els estils Puuc i Chenes també estan plasmats en les meravelloses fotografies que va prendre Teoberto Maler, el qual va visitar llocs com ara Hochob, Dzibilnocac, Xcalumkín, Santa Rosa Xtampak i una gran quantitat de llocs catalogats dins l'estil Puuc. La seua obra ha estat útil per a la tasca reconstructiva i interpretativa d'aquestes ciutats. El seu treball també va donar fruits, ja que ha fet conèixer al món sencer les creacions de la civilització maia, i ha cridat l'atenció sobre la conservació, la protecció i l'estudi d'aquestes ciutats que avui dia, siga per l'acció de l'home o per la natura, han anat perdent-se.

Agraesc de manera cordial el suport que he rebut d'Antonio Benavides Rosales i del Dr. Anthony Andrews, els comentaris dels quals em van ser de gran ajuda en l'elaboració d'aquest escrit.

69

Bibliografía **Benavides Castillo, Antonio**, *Edzná. Una ciudad prehispánica de Campeche.* Instituto Nacional de Antropología e Historia, University of Pittsburg, México D.F., 1997.

Bourbon, Fabio, *Las ciudades perdidas de los mayas. Vida, obra y descubrimientos de Frederick Catherwood*, Ed. Artes de México, Gobierno del Estado de Yucatán, México D.F., 1999.

Bueno Cano, Ricardo, *Entre un Río de Robles. Un acercamiento a la arqueología de la Región Río Bec.* Colección Científica, 1.ª ed., INAH, México D.F., 1999.

Cantero Aguilar, M.ª de los Ángeles, *La subcuenca de X'pujil: Un territorio maya de reocupación actual (un rescate arqueológico).* Tesi de llicenciatura en Arqueologia, Escuela Nacional de Antropología e Historia, México, 1997.

Gendrop Francote, Paul, *Los estilos Río Bec, Chenes y Puuc, en la arquitectura maya.* Universidad Autónoma de México, México D.F., 1983.

Hellmuth, Nicholas M., *An introduction to Chenes, Puuc and Río Bec Palaces: The example of tree Palaces at Santa Rosa Xtampak, Campeche, México.* Foundation for Latin American Antropological Reserch, 1989.

Maler, Teobert, *Península Yucatán.* Monumenta Americana, Gebr. Mann Verlag, Berlín, 1997.

Marquina, Ignacio, *Arquitectura prehispánica.* Instituto Nacional de Antropología e Historia de México, México D.F., 1964.

Proskouriakoff, Tatiana, *An Album of Maya Architecture*, núm. 558, Carnegie Institution of Washington, 1946.

Ruz Lhuillier, Alberto, "Campeche en la arqueología maya", *Acta Antropológica*, núms. 2 i 3, vol. II, México D.F., 1945.

70

Per llegir-ne més

Andrews, F. George, "Historic preservation in the maya area Hochob, Campeche, México: A case study", *Cuadernos de Arquitectura Mesoamericana 3*: 79-88, México D.F., 1984.

Carrasco Vargas, Ramón, "Arqueología de una «Superpotencia»", *Arqueología Mexicana III* (18): 46-51, Instituto Nacional de Antropología e Historia de México, México D.F., 1996.

Carrasco Vargas, Ramón, i Sylviane Boucher, "Nuevas perspectivas para la cronología y estudio de la arquitectura en la Región Central de Yucatán", dins *Memorias del Simposio de Arquitectura y Arqueología 1984* (George Andrews i Paul Gendrop, ed.), México, 1985, ps. 57-68.

Carrasco Vargas, Ramón, i Sylviane Boucher, "Calakmul, Campeche", *Arqueología Mexicana III* (18): 46-51, México, 1996.

Pollock, Harry E., "Architecture of the Mayas Lowland", dins *Handbook of Middle American Indians* (R. Wauchope i G. Willey, eds.), vol. 2, University of Texas Press, 1965.

71

Teobert Maler,

Explorations in the Department of Peten, Guatemala

"*Cuando emprendí la primera expedición a Tikal a mediados de 1895, no era con la intención de trabajar en esta enorme ciudad en ruinas durante una primera visita, ya que una tarea semejante no podría llevarse a cabo sin una exhaustiva preparación; sólo pretendía reconocer el terreno lo más ampliamente posible, hacer dibujos y planos de los aspectos más importantes y tomar fotografías que no requirieran demasiado trabajo preliminar.*"

Exploracions de Teoberto Maler a Tikal, Guatemala

Cristina Vidal Lorenzo
Universitat de València

La ciutat de Tikal

Tikal va ser una de les capitals més importants de la civilització maia, amb una ocupació que es remunta als temps preclàssics. Enclavada al cor de la frondosa selva plujosa del Petén guatemalenc, aquesta ciutat va conèixer el seu apogeu màxim en el període clàssic, i arribà a tenir una extensió de 120 km^2 aproximadament, on va conviure una població almenys de noranta mil persones. Les construccions religioses i els edificis administratius i per a residència de l'elit es concentren en una àrea de 16 km^2, mentre que la resta de la població vivia en senzilles unitats habitacionals, disseminades al voltant de l'àrea central.

La seua arquitectura monumental, els espais destinats a l'ús ritual i científic, les refinades obres escultòriques, les seues ceràmiques pintades amb escenes de caràcter narratiu i la delicadesa de les seues arts sumptuàries delaten el gran poder polític i religiós que va posseir en l'antiguitat i, alhora, l'excepcional entorn natural en què es troba -una densa selva poblada per gairebé tres-centes espècies d'ocells multicolors, una gran varietat d'animals salvatges, molts dels quals considerats divinitats pels antics maies, i cridaneres espècies vegetals- l'ha feta mereixedora de la declaració de Patrimoni Cultural de la Humanitat i Monument Universal per la UNESCO, per la seua harmònica combinació de monumentalitat i natura.

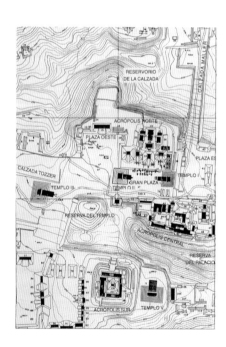

Fig. 1: Vista aèria del sector central de Tikal. (Foto A. Serrano)

Fig. 2: Mapa del centre de Tikal. Alçat pel Museu de la Universitat de Pensilvània (1959).

Els espais que van conèixer una ocupació més primerenca van ser l'Acròpolis Nord i la zona coneguda amb el nom de *Mundo Perdido*, dominada per una piràmide de trenta metres d'alçada que formava part d'un complex de ritual públic, dedicat a commemorar el pas del temps i els cicles del calendari i agrícoles.

Aquestes primeres piràmides exhibien vistosos mascarons de pedra i estuc a les façanes, encara perceptibles en algunes, tot i que desproveïts dels seus colors atractius a causa dels efectes del clima i l'agressiva vegetació. Més avant, durant el clàssic, s'hi van construir estructures piramidals més altes i estilitzades, al cim de les quals s'alçaven esvelts temples d'una sola obertura d'accés, coronats amb massisses "cresteries" esculpides i pintades de colors, que encara avui dia sobresurten per damunt del mantell vegetal.

Les residències de caràcter palatí també es van fer més complexes en els segles clàssics. En destaquen les de l'Acròpolis Central, erigides al voltant de patis, amb múltiples cambres cobertes amb volat a l'interior i fins i tot amb pisos superposats que es comunicaven per mitjà d'escales de pedra. Jocs de pilota, complexos de piràmides bessones, banys de vapor, mercats, abeuradors, places espaioses i àmplies calçades són altres de les construccions que conformen l'àrea urbanitzada de Tikal.

Els avanços en el desxiframent de l'escriptura jeroglífica maia i la gran quantitat de monuments i inscripcions trobats al lloc han permès reconstruir amb bastant encert la seua història dinàstica, de la qual es coneix almenys el nom d'una vintena de reis que van governar entre els segles III i IX de la nostra era. Entre els seus governants més famosos hi ha Yax Moch Xoc, fundador del llinatge dinàstic de Tikal, Gran Grapa de Jaguar II, Huh Chaan Mah K'ina, K'awil Chaan i K'an Ak, els quals van regnar en el clàssic primerenc, i Ha Sawa Chaan K'awil, descendent lineal d'aquests darrers i un dels monarques que més projectes edilicis va promoure a la ciutat durant el clàssic tardà, entre els quals en destaca el Temple I Gran Jaguar, on va ser soterrat l'any 733 dC.

Tikal va ser abandonada cap al segle novè de la nostra era, coincidint amb l'anomenat "col·lapse" de la civilització maia clàssica a les terres baixes del sud. Va ser llavors quan es van aturar completament els projectes constructius, es va abandonar la talla

d'esteles i, en conseqüència, la dels textos jeroglífics que solien plasmar-s'hi, els terrissaires i els pintors van deixar de modelar i decorar ceràmiques, i els altres artesans de la pedra, l'os, la closca i la ploma van deixar el seu treball. De la mateixa manera que va ocórrer amb moltes altres ciutats maies, Tikal va ser envaïda a poc a poc per l'atapeïda vegetació i els seus edificis es van quedar atrapats per les espectaculars arrels d'arbres de gran alçada.

El descobriment i les primeres exploracions

Prop de mil anys va restar aquesta ciutat sepultada per la selva ja que, tot i que és evident que les ruïnes eren conegudes pels pobladors dels voltants i, potser, pel frare espanyol Andrés de Avendaño y Loyola, el qual va recórrer la regió a la darreria del segle XVII, el descobriment "oficial" es va produir al mes de febrer de 1848 arran de l'expedició organitzada pel corregidor del Petén, el coronel Modesto Méndez, i el governador de Petén Ambrosio Tut, els quals hi van anar acompanyats per l'artista Eusebio Lara, autor dels primers dibuixos dels monuments de Tikal que, malgrat la seua ingenuïtat, posseeixen un indubtable valor històric.

El diari de Modesto Méndez va ser publicat dos mesos més tard en la *Gaceta de Guatemala* i, en poc de temps, la notícia d'aquest gran descobriment arribà a Europa i als Estats Units, que desvetllà l'interès d'exploradors, viatgers i antiquaris, ansiosos per conèixer ruïnes insòlites, tant per motius exclusivament científics com pel desig d'enriquir els museus del seu país amb extraordinàries mostres de l'art maia. Entre aquests darrers destaquen el viatger anglès J. W. Boddam-Whethan, que en 1875 va adquirir una part de la llinda 3 del Temple I, avui al Museu Britànic de Londres,

Fig. 3: Fotografia dels temples II, III i IV de Tikal. Presa per Alfred P. Maudslay en 1882. (Foto Museu Britànic de Londres)

Fig. 4: Vista de l'Acròpolis Central amb el Palau Maler i la cresteria del Temple V al fons, presa des del Temple I. (Foto G. Muñoz)

i el suís Gustave Bernoulli, que va dirigir el trasllat de la resta d'aquesta llinda i les del Temple IV al Museu d'Arts Populars de Basilea (Vidal i Muñoz 1997: 58).

Aquesta llinda, igual que les d'altres temples piramidals de Tikal, va ser confeccionada amb fusta d'acres, un material molt dens i resistent que ha aconseguit conservar-se fins als nostres dies, però prou apte perquè s'hi tallen complexes representacions dels governants de Tikal, acompanyades d'inscripcions jeroglífiques d'una qualitat excel·lent.

Accions com aquestes, a les quals caldria afegir les perpetrades pels depredadors, van causar greus deterioracions als edificis i monuments de Tikal. Això no obstant, i per fortuna, uns anys més tard la ciutat va ser visitada per altres personalitats els treballs de les quals, més acadèmics i científics, han esdevingut valuoses fonts documentals per aprofundir en el coneixement de l'arquitectura i l'art maies. Ens referim a les exploracions de l'anglès Alfred P. Maudslay i a les del protagonista d'aquesta exposició, Teoberto Maler.

Maudslay, igual que Maler, és el prototip d'explorador del segle XIX, capaç de conjuminar l'esperit aventurer amb l'estudi i la investigació de la cultura maia. Va visitar Tikal dues vegades, en 1881 i 1882, i sobre aquests viatges va escriure:

"El lloc està totalment aïllat, els poblats indígenes més pròxims són San Andrés i altres petits llogarets a la vora del llac [Petén-Itzá].

Cap de les dues vegades, la meua estada a les ruïnes va superar una setmana. El lloc de l'antiga ciutat està tan densament cobert per la vegetació que, durant la meua primera visita, vaig ocupar la major part del temps intentant localitzar la posició dels edificis més importants; i encara que en 1882 vaig enviar una avançada d'homes perquè en llevaren alguns arbres, no vaig ser capaç de fer una prospecció satisfactòria, i el plànol de la làmina LXVII és molt imperfecte i a penes indica la forma i les dimensions del principal grup d'edificis petris propers a la casa en què vaig acampar; i la posició aproximada dels cinc grans Temples Muntanya."

(Maudslay 1974: 44)

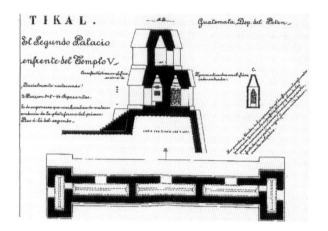

Tot i haver romàs tan pocs dies en un lloc de difícil visibilitat a causa de l'espessa vegetació, Maudslay va fer un primer mapa del centre cerimonial en què només s'inclou l'Acròpolis Central i la posició aproximada dels cinc grans temples, dels quals realitza una breu descripció acompanyada d'excel·lents fotografies d'aquests. A més, Maudslay també feia motles d'algeps i pasta de paper dels monuments escultòrics, base dels dibuixos que il·lustren, juntament amb les fotografies que feia amb la seua càmera de plaques, la seua famosa obra de sis volums *Biologia Centrali Americana*.

Teoberto Maler a Tikal

Una dècada més tard, en 1895, arribava a Tikal Teoberto Maler, després d'haver emprès exploracions exhaustives a Yucatán i als marges del riu Usumacinta amb el propòsit de realitzar dibuixos i fotografies dels edificis i monuments més rellevants.

Igual que Maudslay, va restar en aquesta ciutat dues vegades, per bé que durant un període de temps més llarg, de final de maig a principi de juny de 1895, i entre agost i novembre de 1904. Gràcies a la publicació del seu diari i del resultat de les seues investigacions (Maler 1911 i 1975), coneixem de manera detallada els treballs que va dur a terme en aquesta gran urbs, com també altres anècdotes dels seus viatges atzarosos.

Maler inicia el relat sobre les seues *Explorations in the Department of Peten* amb una referència al significat del terme *Ti-kal*, "lloc en què se senten veus misterioses", i anota que els maies creien que, a mitjanit, els seus avantpassats tornaven a la Terra i, abillats igual que en els

Fig. 5: Planta i alçat del Palau Maler, alçats per Teoberto Maler en 1895. (A. Tozzer, 1911)

dies de glòria passats, deambulaven pels seus temples i palaus abandonats, on era possible sentir-ne les veus a l'aire; d'ací que, insisteix, hi havia la creença que les ruïnes maies estaven "encantades" i a la gent d'allà no els agradava dormir a soles a l'interior d'aquests edificis (Maler 1911: 3).

Maler va partir cap a Tikal des de l'illa de Flores el 21 de maig de 1895. Després de travessar el llac Petén Itzá, arribà a San José, on va ser rebut per l'alcalde, el qual li va proporcionar cinc homes perquè l'ajudaren durant el viatge, com també un *cayuco* (embarcació local) de major grandària que el que ell portava.

Quatre dies més tard, i acompanyat dels seus ajudants, inicià una nova travesia fins a El Remate que, segons ens relata, va ser tranquil·la i plàcida; en el seu diari es recrea en la descripció de les aus que habiten les aigües d'aquest extens llac (corbs marins, mascarells) i les compara a vegades amb les de Yucatán.

Des d'El Remate, se'n van dirigir rumb al nord-est cap a Tikal obrint bretxa en la selva a colp de matxet i fent nit vora els ullals (Ixtinta, Ixpita), d'on agafaven aigua que emmagatzemaven en recipients de carabassa (*calabazos*). Després de tres dies de marxa van arribar a Tikal, concretament al Palau de les Canaletes, on van establir el campament.

L'endemà, Maler va decidir iniciar la inspecció de les ruïnes, i va demanar als seus ajudants que talaren els arbres que el destorbaven per a fer les seues fotografies. Però en aquell moment es va produir un altercat perquè els homes es van negar a realitzar aquests treballs i, davant d'això, el nostre protagonista, dominat per un caràcter fàcilment irritable, va decidir anar-se'n sol i instal·lar el campament a l'interior del Palau de Dos Pisos, davant del Cinquè Temple Major, situat a l'Acròpolis Central i actualment batejat amb el nom de *Palau Maler*.

Instal·lat en aquest palau (a la cambra central nord del primer pis), Maler tenia una vista millor de la Gran Plaça i dels cinc Temples Majors que desitjava investigar, de manera que durant els vuit dies següents que va restar en aquestes ruïnes dibuixà les plantes dels cinc temples i en va fer fotografies (cat. 22, 23, 24, 25), les quals ens demostren, com ja ha fet notar Ian Graham (1990), la gran habilitat que posseïa per ajustar les exposicions a fi d'aconseguir magnífics contrastos entre les parts

il·luminades i les que es quedaven a l'ombra; caldria afegir-hi els seus avançats coneixements tècnics en les ampliacions que feia sobre paper de platí en un medi tan agressiu com el del tròpic. Un treball similar és el que va fer en dos dels palaus més interessants de l'Acròpolis Central, el dels "Dos Pisos, davant del Cinquè Temple Major" i el de "Cinc Pisos" (cat. 27).

Però deixem que Maler ens conte com transcorria la seua estada a Tikal:

"A vegades, a la meua cambra solitària, durant la nit em trobava tan envoltat de panteres [felins], els rugits de les quals es confonien amb el d'altres criatures, potser més inofensives, que estava obligat a mantenir un gran foc a l'entrada de la cambra i, fins i tot, ocasionalment, protegir-lo amb fustes. Per descomptat, sempre dormia amb un rifle carregat amb cura al costat, però, tret d'això, amb perfecta tranquil·litat d'esperit. Quan dorm a soles en una ruïna o sota un arbre a la selva, o en una petita cova, les serenates ofertes a mitjanit pel Felis onca, *el* Felis pardalis, *el* Felis concolor *o qualsevol altre de l'espècie no em pertorben gens. La foscor de la nit no provoca cap diferència en els meus pensaments, perquè estic convençut que sempre hi ha la mateixa quantitat de coses bones i dolentes, tant si el nostre planeta ens porta a l'alba com a la foscor."* (Op. cit.: 6)

El dia 9 de juny, l'expedició ja es trobava novament a San José, on hauria de tornar nou anys més tard.

Fig. 6: Grafit maia, amb representació d'un tron processional, dibuixat per Maler i procedent d'una de les parets estucades del palau que porta el seu nom. (Dibuix T. Maler, 1975)

En aquest segon viatge es va allotjar de nou al palau que actualment porta el seu nom, ara amb nous ajudants. Un dels primers treballs que va emprendre fou manar aclarir la vegetació davant dels cinc grans temples piramidals i la que s'hi havia arrelat a les parts més altes, i amb aquesta finalitat es van construir inestables escaletes de fusta a les quals només un dels treballadors accedí a pujar per fer aquests treballs.

Aquesta vegada va fer noves fotografies tant dels exteriors dels edificis com dels interiors d'alguns, amb llargues exposicions i fent servir llum de magnesi quan no hi havia prou llum del dia. Va dibuixar un plànol del sector central de la ciutat, incloent-hi edificis que fins aquell moment no havia visitat ningú mai, i féu un alçament fotogràfic de les nombroses esteles esculpides disseminades per la ciutat, entre les quals l'Estela 16 i l'altar que l'acompanyava, que es tractava, segons Maler, d'"un tresor mitològic amb el qual donarem als americanistes una particular satisfacció" (*Ibid.*: 10). No en va es tracta de l'estela en què es va tallar l'efígie del governant Ha Sawa Chaan K'awil, que hem esmentat adés, i de l'Altar 5, un dels conjunts escultòrics més sublims de l'art de Tikal.

Les investigacions de Maler al Palau Maler i al Temple V

Evidentment, un dels edificis millor documentats per Maler va ser el palau on es va instal·lar durant les seues dues estades a Tikal (Estructura 5D-65), al qual s'accedeix per mitjà d'una important escalinata després de travessar el Pati 2 de l'Acròpolis Central. Es tracta, com hem dit, d'un palau de dos pisos en què cadascuna de les plantes posseeix un desenvolupament horitzontal est-oest amb forma de I.

La inferior té dues crugies centrals flanquejades per altres dues laterals, que es comuniquen amb les estances del costat sud a través d'una petita porta, i cadascuna de les cambres cobertes amb volta s'obri a l'exterior mitjançant una àmplia obertura, inclosa la recambra que s'ha disposat perpendicularment a la cambra central sud. A la façana principal (nord) encara és possible distingir un fris esculpit amb representacions de mascarons sobre les obertures, que

segurament recorria tot el perímetre de l'edifici, ja que, com diu Maler:

> "*damunt de les entrades del costat sud hi havia figures estucades (no cares grans) que, això no obstant, ara estan deteriorades. El mur de retenció del costat sud sols deixa lloc per a una estreta plataforma davant de les entrades de les cambres del sud i, per això, aquesta plataforma només pot haver estat utilitzada per persones que no pateixen vertigen.*" (Maler 1975: 99)

La planta superior té una disposició similar però només amb una crugia central, i les obertures de les cambres s'obrin cap al sud, és a dir, estan enfrontades al Temple V. Aquesta planta es comunica amb la inferior per mitjà d'unes petites escales de pedra que Maler no arribà a veure:

> "*Ja que no queda cap vestigi d'una escalinata de pedra, es pot suposar que unes escales de fusta exteriors portaven a aquestes cambres transversals o a la plataforma sud.*" (*Loc. cit.*)

Les descripcions d'aquest palau anaven acompanyades d'un alçament planimètric, i també d'una de les fotografies més belles de la col·lecció (cat. 26), en la qual va saber combinar amb un gran encert la monumentalitat de l'edifici amb l'elegància dels estilitzats troncs dels arbres que hi havia davant la façana principal i el component humà, per mitjà de la presència de tres dels seus ajudants indígenes asseguts en una mar de fulles enmig de la composició.

Fig. 7: Firma de Teoberto Maler en un dels muntants de l'obertura de la cambra central nord del Palau Maler, on es va allotjar durant les seues dues estades a Tikal. (Foto C. Vidal)

Una altra fotografia de gran interès és la de l'interior, en què podem apreciar detalls constructius i de mobiliari com ara els troncs que travessen la coberta de volta, les banquetes de pedra que segurament es van utilitzar en l'antiguitat com a seients, trons o fins i tot llits, les fornícules, les llindes de fusta i els orificis en els muntants de les portes, on s'inserien els troncs que, segons totes les evidències, sostenien els cortinatges que les cobrien, tal com apareix en algunes escenes plasmades en els atuells de ceràmica policroms.

Maler va dibuixar també alguns dels grafits tallats a les parets estucades del palau, dels quals destaquen els que representen governants en trons processionals carregats pels seus súbdits, i que en l'antiguitat recorrerien les àmplies calçades amb paviment d'estuc que unien els diferents complexos arquitectònics que conformen aquesta gran urbs.

Aquest palau, en un dels muntants del qual va deixar Maler la seua signatura inconfusible, degué ser un dels més privilegiats de l'Acròpolis Central, no sols per la seua posició estratègica excel·lent, sinó també per les atractives vistes que s'hi obtenen, sobretot des del segon nivell: d'una banda, l'esvelt perfil del Temple I i els altres edificis de l'entorn de la Gran Plaça, i, d'una altra, la imponent façana principal del Temple V, la silueta del qual es veuria reflectida als temps antics en les aigües que corrien per la gran depressió que separa el palau d'aquest temple, popularment coneguda amb el nom de Reservorio del Palacio.

El Temple V (Estructura 5D-5) o Cinquè Temple Major, segons la nomenclatura de Maler, és un dels cinc Temples Majors de Tikal i un dels més alts (58 metres d'alçada). Quan l'any 1995 vam emprendre'n l'excavació i la restauració (Vidal i Gómez 1997; Muñoz 1997), una de les fonts documentals que vam utilitzar per realitzar el nostre estudi històric va ser, lògicament, la que va aportar feia més de cent anys Teoberto Maler, i que incloïa les fotografies que va fer del temple i una descripció d'aquest bastant més llarga de la que havia fet el seu predecessor A. Maudslay, amb indicacions minucioses de les seues mesures.

Un dels problemes amb què s'hagué d'enfrontar Maler a l'hora de realitzar l'estudi sobre aquest monument va ser el mateix que se'ns va plantejar quan

vam iniciar-ne la intervenció: el delicat estat de conservació de l'escalinata i del basament piramidal. Segons el nostre autor:

> "els seus escalons (plataformes escalonades) -de totes maneres en són nou- estan desballestats tan greument, que ja no és possible reconèixer la seua forma original ni determinar-ne les dimensions, fins i tot examinant tots els quatre costats. Els cantons dels escalons (plataformes escalonades) d'aquesta piràmide naturalment posseïen també aquelles escotadures característiques ja descrites".
> (Maler, op. cit.: 105)

Maler pressuposa, per tant, que es tracta d'un temple piramidal amb nou cossos escalonats i cantons rectangulars. No obstant això, la nostra excavació ha permès posar al descobert alguns aspectes arquitectònics d'aquesta sorprenent construcció que la distingeixen dels altres temples majors de la ciutat i que, evidentment, Maler no podia apreciar. En primer lloc, no posseeix nou cossos sinó set, i els cantons no són rectangulars sinó que:

> *"presentan una forma redondeada con un radio de giro aproximado de 3 m y una decoración de entrecalle. Igualmente se comprobó la existencia de un faldón adelantado en la parte central de las fachadas norte y este, situando aproximadamente su resalte a 9 m de cada una de las esquinas."* (Muñoz, *op. cit.*: 295)

Altres característiques destacables són el pronunciat relleix i les dimensions de l'empinada escalinata cerimonial,

Fig. 8: Estat en què es trobava el Temple V abans d'iniciar la nostra intervenció d'excavació i restauració en 1995. (Foto G. Muñoz)

correctament amidada per Maler (20 metres d'amplària) i flanquejada per poderosos cabirons de 2 metres d'amplària, a més de la presència d'una única cambra al temple superior, en què documenta la presència d'un forat de dimensions considerables fet a la paret de darrere de l'interior del santuari, un acte de profanació que atribueix al coronel Méndez. Aquest orifici portava a l'interior de la cresteria, la qual defineix com semblant a una torre en què encara es distingeixen fàcilment tres cossos:

"*Hi ha raons que fan pensar que, coronant tota la construcció, hi va haver originalment un quart cos, calat de finestres, i potser un cinquè, tots dos ja ensorrats. Tota la façana (és a dir, el costat nord) de la cresteria tenia l'ornamentació més profusa que es puga imaginar...*" (Maler, *loc. cit.*)

Pel que fa a les mesures generals que proporciona de l'edifici, són bastant exactes, i això és un fet, insistim, digne de valorar ateses les dificultats de mesuratge que presenta un monument d'aquesta naturalesa, totalment envaït per la vegetació i amb arbres de més de trenta metres d'alçada arrelats als seus murs.

Epíleg

Part dels treballs que Maler va fer a Tikal havien estat patrocinats pel museu Peabody de Harvard, on encara es conserva una part important de les seues magnífiques fotografies en plaques de vidre. No obstant això, a causa del seu fort caràcter i de certes desavinences amb el museu, en 1909 va decidir cancel·lar els seus compromisos amb la institució.

Tanmateix, els resultats de les seues exploracions a Tikal els va publicar el museu l'any 1911, juntament amb els de l'investigador nord-americà Alfred M. Tozzer, en una obra magistral, Memoirs of the Peabody Museum of American Archaeology and Ethnology, en la qual Tozzer inclou un nou alçament topogràfic del centre de Tikal, i també una planta i secció del Temple V, el qual considera

"el més interessant dels cinc grans temples de Tikal".
(Tozzer 1911: 122 i fig. 33 i 34)

Així i tot, encara quedava molt a esbrinar sobre la cultura maia. En les albors del segle XX, poc se sabia sobre la funcionalitat d'aquests edificis, l'escriptura jeroglífica no s'havia desxifrat i hi havia un gran desconeixement de l'organització política, social i religiosa dels maies antics. Aquestes interpretacions arribarien anys després, però els treballs efectuats en l'època dels exploradors, i molt especialment els de Teoberto Maler, van ser crucials per a les investigacions futures empreses a l'àrea, uns treballs que continuen tenint una enorme vigència i interès per a l'estudiós d'aquesta il·lustre civilització centreamericana.

Bibliografia

Graham, Ian, "Exposing the Maya", *Archaeology*, vol. 43, núm. 5, Archaeological Institute of America, Nova York, 1990.

Maler, Teobert, *Explorations in the Department of Peten, Guatemala*, Memoirs of the Peabody Museum of American Archaeology and Ethnology, vol. V, núm. 1, Universitat de Harvard, Cambridge, 1911.

Maler, Teobert, *Bauten der Maya*, Monumenta Americana, vol. IV, Gebr. Mann Verlag, Berlín, 1975.

Maudslay, Alfred P. , *Biologia Centrali Americana*, Milpatron Publishing Corporation, Nova York, 1974.

Méndez, Modesto, "Descubrimiento de las ruinas de Tikal", *Antropología e Historia*, vol. 15, núm. 1, ps. 38-42, IDAEH, Guatemala, 1963.

Muñoz, Gaspar, *El Templo V de Tikal: su arquitectura*, X Simposio de Investigaciones Arqueológicas en Guatemala, ps. 293-307, Museo Nacional de Arqueología y Etnología, Guatemala, 1997

Tozzer, Alfred M., *Preliminary Study of the Ruins of Tikal, Guatemala*, Memoirs of the Peabody Museum of American Archaeology and Ethnology, vol. V, núm. 2, Universitat de Harvard, Cambridge, 1911

Vidal, Cristina, i Oswaldo Gómez, *Intervenciones arqueológicas en el Templo V de Tikal*, Criterios de intervención arqueológica en ciudades mayas, ps. 41-52, IDAEH, Guatemala, 1977.

Vidal, Cristina, i Gaspar Muñoz, *Tikal. El Gran Jaguar*, AECI, Madrid, 1977.

"L'home que viatja i no coneix encara la ciutat que l'espera al llarg del camí, es pregunta com serà el palau reial, el quarter, el molí, el teatre, el basar. A cada ciutat de l'imperi, cada edifici és diferent i s'ha disposat en un ordre distint; però a penes arriba el foraster a la ciutat desconeguda i llença l'esguard sobre aquell penjoll de pagodes i golfes i cofurnes, seguint el garbuix de canals horts d'escombraries, de sobte distingeix quins són els palaus dels prínceps, quins els temples dels grans sacerdots, l'hostal, la presó, el barri dels bordells."

Teoberto Maler, un pioner en l'estudi de l'arquitectura maia

Gaspar Muñoz Cosme

Arquitecte

Director del Projecte de Restauració del Temple I de Tikal

Si ens imaginem les denses selves del Petén guatemalenc a la darreria del segle XIX, en què havien passat desapercebudes durant alguns segles aquelles superbes estructures piramidals i aquells palaus espectaculars que van ser en un altre temps l'orgull de ciutats com ara Tikal, Yaxhá, Naranjo o Yaxchilán, contemplarem l'escenari en què un antic oficial de l'exèrcit austríac es va introduir mogut per la recerca i l'interès que li desvetlava una cultura ancestral i gairebé desconeguda.

Si hi ha cap aspecte especialment admirable en el treball científic que Teoberto Maler hi va realitzar entre 1886 i 1905, és la seua minuciosa contemplació i descripció de l'arquitectura maia. Una descripció des del punt de vista arquitectònic, tant de forma literària, remarcant tot allò que podia precisar millor qualsevol mida, però també descripció gràfica, amb aquestes fotografies excepcionals i amb les làmines de dibuix realitzades amb una escrupolosa neteja i precisió. Tot això sense disposar d'unes investigacions anteriors que permeteren conèixer millor i comparar els edificis que ell analitzava.

Els qui hem tingut la fortuna de treballar en la restauració d'aquesta esplèndida arquitectura coneixem la dificultat que encara avui comporta la descripció detallada dels edificis, tant pel problema d'accés a aquests com per l'estat en què es troben molt sovint. De les fotografies que coneixem de l'explorador anglès Alfred P. Maudslay de 1882, i de les pròpies de Maler de 1895, se'n poden deduir les condicions i les greus dificultats que hagué d'afrontar en la seua investigació.

Maler va estar a Tikal dues vegades: la primera, fa ara 107 anys, des de final de maig fins a principi de juny de 1895; la segona, amb una durada més llarga, des de principi d'agost fins a mitjan novembre de 1904. En aquesta segona ocasió va tenir tres mesos i mig per fer les seues investigacions.

La descripció del Temple I de Tikal

Teoberto Maler, en el seu *Bauten der Maya*, realitza una minuciosa descripció del Temple I o Primer Temple Major (com ell el denomina), intentant sempre definir tots els aspectes arquitectònics que podien ser rellevants. Inicialment descriu la volumetria de l'edifici (tal com ell la podia apreciar sota la vegetació i la runa) i realitza uns mesuraments bàsics per dimensionar tots els cossos i definir les grans mesures de l'edifici.

A les parts on es podia accedir amb major facilitat, com ara el temple superior, va prendre totes les mesures necessàries per concretar-ne les dimensions generals, obertures, escalons i alçàries dels espais interiors. Així ens ho descriu:

> *"Dalt de la plataforma de la piràmide, damunt d'un sòcol d'uns 2 m d'alçada frontal (amb dos escalonaments ascendents cap enrere), s'alça el temple pròpiament dit. Com de costum, hi ha una petita escalinata que porta a l'entrada del temple. La llargària del temple, amidada en la façana occidental (no en el sòcol), és exactament d'11,83 m. Aquesta mida inclou els 2,71 m de l'amplària de l'entrada. L'amplària exacta del temple (al llarg de l'eix arquitectònic) és de 7,59 m, considerat des de la façana fins al mur posterior llis."* (Maler, 1975: 100)

Només s'hi poden detectar alguns errors que, sens dubte, són de transcripció, com ara l'amplària de l'entrada, ja que està ben dimensionada en els plànols. A més a més, hi aportava totes les descripcions arquitectòniques que matisaven i donaven suport a les mesures:

"L'entrada, amb una alçada de 2,76 m i damunt de la qual s'estenen dues bigues de tsapotl ["acres"] molt amples, però sense ornamentació, porta a la primera cambra del temple, que fa 6,59 m de llargària per només 0,74 d'amplària; l'alçària és de 5,31 m, amidada des de terra fins al truncament estret de la volta triangular, molt empinada." (*Loc. cit.*)

En total, hi reflecteix vint-i-vuit mesures referents al Temple I. Un estudi comparatiu de les mesures fetes per Maler amb les que es van poder obtenir després d'un alçament amb mitjans actuals molt més avançats en 1996, en finalitzar els treballs de restauració, palesa que el seu error mitjà no sobrepassa el cinc per cent. Podem concloure que la presa de dades feta per Teoberto Maler pel que fa als mesuraments va ser excel·lent, atesos els mitjans tècnics de què es podia disposar en l'època i la dificultat d'accés a l'edifici.

Però el seu treball no s'aturava en el testimoni de les dimensions, sinó que realitzava una observació minuciosa per trobar-hi rastres que li indicaren les característiques que va tenir el monument en el seu estat íntegre. Així ens ho relata:

"La cornisa superior d'aquests escalons es va desprendre completament. No obstant això, en el reclau dels escalons amb els murs laterals de l'escalinata és fàcil de comprovar l'existència de les lloses de la cornisa superior." (*Loc. cit.*)

I tot això amb la dificultat afegida d'examinar una arquitectura de la qual no es tenia encara prou documentació comparada. També reflecteix amb gran fidelitat les característiques de les esteles i els altars associats a l'edifici, com també els petits detalls gràfics de decoracions originals que es podien percebre amb claredat en aquells dies, com les que detecta a l'interior del temple superior:

> "*Damunt de l'entrada que porta a la segona cambra del temple s'adverteixen -tant a la superfície de la volta com a la part inferior de l'arrancada- unes grans mans blanques envoltades d'esquitxos de color roig, i també algunes mans roges [...]. Després de contemplar aquestes mans blanques i roges em vaig dedicar a examinar més detingudament les parets llises, a la recerca de dibuixos gravats. Hi vaig descobrir la figura d'un diable dansaire, gravada toscament i amb incisions profundes...*" (*Loc. cit.*)

Aquestes dades són d'una importància crucial, ja que, actualment, a vegades resulta molt difícil localitzar aquests grafits a causa del mal estat dels estucs interiors sotmesos a la humitat i l'erosió de caràcter animal i fins i tot humà. També aporta una excel·lent descripció de les llindes d'acres afaiçonades que quedaven al temple i cal subratllar, pel valor innovador en l'època, la condemna que fa dels saqueigs realitzats anys abans per alguns exploradors europeus:

> "*Damunt d'aquesta entrada hi havia abans cinc bigues de tsapotl, profusament tallades a la superfície inferior. Totes aquestes bigues les van extraure individus inescrupolosos que se n'han emportat quatre. Per això, en 1895 només n'hi vaig trobar una, tombada...*" (*Ibid.:* 101)

Separa així els seus plantejaments científics dels que fins aquells moments havien dut els exploradors i investigadors a aconseguir "trofeus", destinats a les col·leccions reials o als museus de l'època.

El Temple I en les imatges de Maler

Les fotografies realitzades per Teoberto Maler a Tikal tenen un gran valor documental. Juntament amb les d'Alfred P. Maudslay, fetes uns anys abans, són els primers documents gràfics fiables d'aquesta ciutat, i ens mostren, amb gran claredat, l'estat

Fig. 1 El Temple I de Tikal fotografiat per Teoberto Maler en 1895. (Foto Museu Peabody de la Universitat de Harvard)

Fig. 2 El Temple I de Tikal una vegada conclosa la restauració en 1996.
(Foto D. Chauche)

dels edificis més importants fa més d'un segle. Tot i que és cert que, per prendre aquestes fotografies, tant Maudslay com Maler van haver de fer una gran tala d'arbres i vegetació que havia crescut sobre els temples, i que això potser comportà efectes posteriors perniciosos sobre la seua conservació, cal considerar el gran valor testimonial que van tenir al seu temps aquestes plaques, i que continuen tenint, per poder conèixer l'estat en què es trobaven en aquell moment, de tal manera que aporten algunes dades de gran interès per a les restauracions actuals dels edificis.

Quan en 1996 vam concloure la restauració del Temple I de Tikal, dins un projecte de cooperació entre Espanya i Guatemala, es va realitzar l'experiment de tornar a fotografiar aquest temple des del mateix angle i en condicions semblants a la famosa foto de Teoberto Maler. Disposàvem de l'esplèndida imatge feta en 1895 i amb la descripció metòdica que en féu de la presa:

> *"Des de la plataforma del tercer temple de la fila de davant del grup de temples que es troba a la banda nord de la plaça principal vaig fotografiar, a més, una vista diagonal, igualment encertada, del Primer Temple Major vist des del nord-oest."* (Ibid.: 100)

Vam encomanar aquesta missió al fotògraf Daniel Chauche, el qual va estudiar minuciosament la posició i l'objectiu que més podia assemblar-se als utilitzats per Maler en el segle XIX, i així es va aconseguir obtenir una excel·lent fotografia realitzada a l'agost de 1996, que serveix com a element gràfic de comparació amb la famosa foto de 1895 i ens permet contemplar els canvis patits en aquests cent anys que separen les dues imatges.

Teoberto Maler, un testimoni excepcional

És obvi que Teoberto Maler va ser un testimoni excepcional de l'estat en què es trobava Tikal quaranta-set anys després del seu redescobriment per Modesto Méndez. I, per tant, totes les seues aportacions documentals tenen un valor inestimable, però potser un dels aspectes més destacables del seu treball és la consciència que tenia del valor dels monuments que examinava i la importància d'establir mecanismes moderns de protecció i preservació d'aquest patrimoni cultural.

Efectivament, Maler s'avança als plantejaments de catalogació i inventari, i de publicació d'aquests, com a sistema de coneixement públic i preservació dels béns culturals. Les seues descripcions literàries, gràfiques o fotogràfiques han establert un arxiu inestimable que ha contribuït de manera definitiva a la valoració i conservació d'aquests béns culturals.

No va ser fins a l'any 1931 que, des de l'àmbit internacional, es va formular, dins la Carta d'Atenes, una recomanació per a la publicació de l'"inventari dels monuments històrics nacionals, acompanyats de fotografies i notícies".

Però l'esperit de Teoberto Maler quan contempla, analitza i valora l'arquitectura maia va més enllà de la simple actitud notarial, ja que condemna de forma explícita els saqueigs i trasllats de peces. Accions que es produïen de manera habitual a la zona maia des del segle XVIII, des de les primeres investigacions formals, com ara l'expedició d'Antonio del Río a Palenque, patrocinada per Carles III per afavorir la investigació científica, fins a final del segle XIX, pels diversos exploradors i aventurers. Són innumerables les peces que s'extrauen dels monuments maies en aquest període i que són enviades a Europa o als Estats Units d'Amèrica, com a resposta a la pruïja col·leccionista d'objectes pertanyents a cultures exòtiques, les quals han anat a parar, en el millor dels casos, a alguns museus.

Aquesta pràctica que mutilava els monumentos i en treia de context elements substancials, no va ser condemnada internacionalment fins a la formulació de la Carta de Venècia de 1964: "Un monument és inseparable de la història de la qual és testimoni, i també del medi en què se situa".

Amb tot això, no podem deixar de pensar que Teoberto Maler va ser un rar erudit que, amb l'aspecte d'explorador i aventurer de final del segle XIX, tenia ja un esperit innovador amb una gran clarividència sobre la qualitat i importància del llegat arquitectònic maia i la necessitat d'articular sistemes avançats de documentació i informació utilitzant els mitjans més capdavanters de la seua època, per defensar i publicar la necessitat de conservar al seu medi i íntegrament aquests importants monuments.

Així, la contemplació actual d'aquestes fotografies i dibuixos ens porta a rememorar aquelles èpoques, en fer reviscolar aquell ambient carregat de sensacions de la selva del Petén, i a retre un homenatge a aquest gran pioner de la defensa de l'arquitectura i la cultura maies.

Bibliografia | **López Jaén**, **Juan**, *Normativa internacional*, Curso de rehabilitación, vol. 0, Colegi Oficial de Arquitectos de Madrid, Madrid, 1987.

Maler, **Teobert**, *Explorations in the Department of Peten, Guatemala*, Memoirs of the Peabody Museum of American Archaeology and Ethnology, vol. V, núm. 1, Universitat de Harvard, Cambridge, 1911.

— *Bauten der Maya*, Monumenta Americana, vol. IV, Gebr. Mann Verlag, Berlín, 1975.

Maudslay, **Alfred P.**, *Biologia Centrali Americana*, Milpatron Publishing Corporation, Nova York, 1974.

Méndez, **Modesto**, "Descubrimiento de las ruinas de Tikal", *Antropología e Historia*, vol. 15, núm. 1, ps. 38-42, IDAEH, Guatemala, 1963.

Tozzer, **Alfred M.**, *Preliminary Study of the Ruins of Tikal, Guatemala*, Memoirs of the Peabody Museum of American Archaeology and Ethnology, vol. V, núm. 2, Universitat de Harvard, Cambridge, 1911.

Vidal, **Cristina**, **i Gaspar Muñoz**, *Tikal. El Gran Jaguar*, AECI, Madrid, 1977.

Vidal, **Cristina**, "El descubrimiento de las ciudades milenarias de Guatemala", *Los mayas. Ciudades milenarias de Guatemala*, ps. 19-23, catàleg de l'exposició, Ministeri d'Educació i Cultura, Generalitat Valenciana, Ajuntament de Saragossa i Ibercaja, Saragossa.

Fra Diego de Landa,
Relación de las cosas de Yucatán

" Es pues Chichenizá un asiento muy bueno a diez leguas de Izamal y once de Valladolid, en la cual, según dicen los antiguos indios, reinaron tres señores hermanos, los cuales, según se acuerdan haber oído de sus pasados, vinieron de aquella tierra de la parte del poniente y juntaron en estos asientos gran población de pueblos y gentes, la cual rigieron algunos años en mucha paz y justicia. Eran muy honradores de su dios y así edificaron muchos edificios y muy galanos, en especial uno, el mayor, cuya figura pintaré aquí como la pinté estando en él, para que mejor se entienda [...]"

Fig. 1: Gravat de F. Catherwood del Caragol de Chichén Itzá, Yucatán. (F. Bourbon, 1999, p. 184.)

A la recerca de les empremtes de Teoberto Maler al nord de Yucatán: la seua contribució a l'arqueologia de Chichén Itzá

Rafael Cobos Palma
Universitat Autónoma de Yucatán

Introducció

Evocar Teoberto Maler i la seua contribució a l'arqueologia maia implica remuntar-nos fins a un lloc i un moment específics: Chichén Itzá a la fi del segle XIX. Durant les dècades de 1870 i 1880, Chichén Itzá va ser destinació de viatgers i exploradors que es van distingir dels seus predecessors perquè hi van portar càmeres fotogràfiques modernes. Maler va ser un d'aquests viatgers i exploradors que, proveït d'un equip nou i sofisticat, el va utilitzar tant per fer un registre més precís de l'estat en què es trobaven els edificis de Chichén Itzá com per fotografiar les excavacions realitzades al jaciment. Cal indicar que la "vella generació" de viatgers i exploradors van fer servir únicament notes, apunts i dibuixos en els seus registres i en la descripció de monuments a Chichén Itzá (fig. 1).

La visita de Maler a Chichén Itzá es va produir en un moment de transició del desenvolupament de l'arqueologia maia, és a dir, fins i tot quan es pot associar Maler amb el grup de viatgers i exploradors que hi van arribar del Vell Món per investigar les restes d'antigues civilitzacions, també pot ser inclòs en el grup dels primers arqueòlegs, o arqueòlegs novells. Maler no sabia de teoria i metodologia en arqueologia perquè senzillament aquestes, com la ciència de l'arqueologia, no existien a la darreria del segle XIX. L'arqueologia d'aquell moment era més aviat una arqueografia dominada per creences personals, suposicions extraordinàries (potser fantàstiques, segons l'estudiós) i judicis de valor improvisats. Maler no va ser l'excepció a la regla. Amb un enorme esperit d'arqueòleg expedicionari, fou increïblement competent, tot i que no es va escapar de fer especulacions diverses sobre la funció d'edificis a Chichén Itzá. Com veurem més endavant, les especulacions de Maler sobre alguns edificis han resultat equivocades encara que, en altres casos, els treballs arqueològics amb un caràcter més científic a Chichén Itzá han corroborat algunes de les seues creences sobre la funcionalitat de certes construccions.

Com s'ha dit adés, Maler utilitzà la càmera fotogràfica durant les seues activitats de camp. L'ús d'aquesta innovació tecnològica del segle XIX li va permetre documentar una enorme e inabastable quantitat de dades referents a l'arquitectura de monuments arqueològics i esteles amb textos jeroglífics (cat. 34). Entre 1885 i 1895, va viatjar de cap a cap de la península del Yucatán prenent fotografies de ruïnes antigues i elaborant-ne plànols (cat. 21). Una dècada d'exploracions i treball arqueològic per part de Maler comportà, cap a la fi del segle XIX, l'aparició d'un primer corpus d'informació que contenia monuments diversos (Graham 2001; Maler 1997). Alguns d'aquests monuments mostren les empremtes d'haver estat malmesos tant per l'acció humana intencionada (saqueig) com pels agents naturals de l'intemperisme (cat. 42). Això no obstant, altres monuments no van patir la mateixa sort i han desaparegut. Afortunadament, disposem avui dia de les fotografies de Maler, com a única evidència, per fer un colp d'ull a façanes arquitectòniques o esteles amb inscripcions jeroglífiques que van existir en algun jaciment prehispànic i que s'han perdut per sempre.

Sens dubte, el corpus fotogràfic acumulat per Maler al tombant d'un nou segle va influir d'una manera determinant a l'hora d'establir les primeres bases dels estudis regionals importants dins el programa d'investigació científica que la Carnegie Institution of Washington va desenvolupar a partir de la dècada de 1910 a l'àrea maia. Per exemple, dues de les investigacions hi van incloure el registre d'inscripcions jeroglífiques i l'estudi de l'arquitectura maia. Sylvanus G. Morley es va encarregar del registre d'inscripcions jeroglífiques durant diversos anys a les terres baixes de Guatemala i la península del Yucatán, i el resultat d'aquest treball va ser la publicació

de l'enciclopèdica obra titulada *The Inscriptions of Peten* (Morley 1937-1938). Cap a la dècada de 1930, la Carnegie Institution of Washington va engegar el programa d'estudi de l'arquitectura a Yucatán sota la responsabilitat de Harry Pollock. Aquest investigador va començar el seu estudi a la regió Puuc u occidental de Yucatán, ja que aquesta àrea complia un requisit bàsic i important: nombrosos llocs encara presentaven edificis en bon estat de conservació, amb façanes completes o quasi completes (Pollock 1980).

Així com l'obra de Maler va influir d'una manera determinant en les accions d'investigació de la Carnegie Institution of Washington en l'àmbit regional, també podem afirmar que aquesta influència s'ha fet sentir en l'àmbit local o de lloc. Per dir-ho d'una altra manera, aquesta és una oportunitat excel·lent de tornar a Chichén Itzá i valorar les contribucions de Maler sobre l'arqueologia d'aquest important jaciment dels períodes clàssic tardà i clàssic terminal (700 dC - 1050 dC). Per poder fer aquesta valoració fent justícia a Maler, he contextualitzat la seua contribució arqueològica tenint en compte les seues observacions sobre l'extensió de l'assentament, els seus comentaris sobre la funcionalitat d'edificis, les seues apreciacions sobre pintura mural i iconografia. Abans d'entrar en matèria, és important situar el viatger i explorador a Chichén Itzá.

Maler visita Chichén Itzá (novembre de 1891 - gener de 1892)

Teoberto Maler va arribar a Chichén Itzá a la darreria de 1891, després de un llarg viatge en què visità els jaciments costaners d'El Meco (situat al nord de Cancún), Isla

Fig. 2: Un dels edificis del complex arquitectònic de les Monges. (Foto T. Maler, 1886-1892.)

Mujeres i la gran urbs de Cobá, localitzada terra endins, a la part oriental de la península de Yucatán. L'objectiu de la visita de Maler a Chichén Itzá era proporcionar una relació completa dels principals edificis del jaciment utilitzant la seua càmera fotogràfica. Per aconseguir l'objectiu, Maler va restar tres mesos a Chichén Itzá i ocupà com a residència una de les cambres de la part superior del complex arquitectònic de les Monges (Maler 1932) (cat. 32).

Durant la seua estada a Chichén Itzá, Maler va decidir netejar de vegetació un sector del jaciment, i aquesta activitat va exposar diferents construccions prehispàniques que van ser el seu objecte d'estudi. Investigà un total de tretze edificis i, tret de dues construccions situades a la part sud del centre del jaciment, les altres onze estructures es troben al sector nord, o Gran Anivellament, del centre de Chichén Itzá. Les investigacions de Maler sobre les estructures de Chichén Itzá tenien un caràcter variat, és a dir, realitzà els mapes d'algunes d'aquestes estructures, va fer excavacions en d'altres i utilitzà la seua càmera fotogràfica per al registre de l'arquitectura encara dreta d'alguns dels edificis.

Maler i l'extensió de Chichén Itzá

Les activitats de reconeixement de Maler a Chichén Itzá es van centrar sobretot al centre del jaciment, és a dir, al punt on es concentra l'arquitectura de volta i edificis elaborats de maçoneria amb un impressionant volum de construcció. Maler -de la mateixa manera que els seus predecessors- va corroborar que el nucli central de Chichén Itzá se situa entre el Castell i el complex arquitectònic de les Monges (fig. 2).

La perifèria del nucli central de Chichén Itzá va ser parcialment estudiada per Maler, que es va concentrar en l'exploració dels sectors nord i nord-oest del jaciment. Per exemple, cap al nord va recórrer la principal calçada prehispànica de Chichén Itzá, que el portà des del Castell i la Plataforma de Venus fins a la vora sud del Cenote Sagrado o de Sacrificios. En aquesta vora, Maler va reportar la presència d'una petita construcció de pedra, és a dir, un temple dedicat al sacrifici i als rituals associats amb el dipòsit subterrani d'aigua o *cenote*.

Aproximadament a 100 metres al nord-oest del Gran Joc de Pilota de Chichén Itzá, Maler va trobar el Grup del Nord-est. Sis estructures formen aquest conjunt arquitectònic, les quals recolzen sobre una gran plataforma o basament. D'aquestes sis estructures, tres tenen sostre de volta de maçoneria, i Maler va reportar també la troballa de nombroses pedres esculpides entre les quals destacaven els motius de serps de cascavell. Durant la campanya que vaig fer l'any 1995 a Chichén Itzá, vaig poder confirmar que al Grup del Nord-oest s'arriba per mitjà de la Calçada 3. De fet, aquest antic camí de pedra uneix el centre de Chichén Itzá amb el Grup del Nord-oest, passa pel costat sud i oest de Pisté i finalitza a Cumtún, un petit jaciment situat a 6 km al nord-oest (Cobos 2001; Cobos i Winemiller 2001). Cumtún degué haver funcionat com a pedrera o centre de proveïment de pedra calcària per a la construcció d'edificis i calçades a Chichén Itzá.

Pisté és el nom d'un poblat modern localitzat a 2.5 km al nord-oest de Chichén Itzá. Pisté va ser fundat en la segona meitat del segle XIX sobre les restes d'estructures prehispàniques. Maler arribà l'any 1891 a Pisté, va reportar la nombrosa presència d'estructures i afirmà que formaven part de Chichén Itzá. Durant les campanyes de 1994 a 1997 vaig poder registrar les restes de nombrosos edificis prehispànics de Pisté i també vaig observar -igual que Maler- que l'església de Pisté va ser construïda amb pedres prehispàniques esculpides al baix relleu.

Maler esmenta que va fer els plànols d'estructures i l'assentament; no obstant això, avui dia continuen perduts aquests plànols, els quals degueren haver estat mapes-croquis com ara els que va fer en altres jaciments i estructures de la península del Yucatán. Dissortadament, per a l'estudi de l'extensió de Chichén Itzá no disposem d'aquesta informació, especialment de l'àrea de Pisté, on més d'un segle d'ocupació humana ha transformat i destruït un gran sector de la comunitat prehispànica de Chichén Itzá.

Maler i la funcionalitat dels edificis a Chichén Itzá

Maler va considerar la morfologia de tres tipus d'estructures a Chichén Itzá per assignar-hi funció. Sens dubte, va ser un dels primers investigadors a distingir entre les funcions dels temples, palaus i altars.

Per a Maler, els temples de Chichén Itzá van servir per al culte de la serp emplomallada o Kukulkán (cat. 28). D'acord amb Maler (1932), el Castell (2D5) va ser un "Temple Major" i aquesta observació és correcta perquè és la construcció principal i central del sector occidental de la Gran Plataforma. Maler va esmentar també altres dos exemples de temples, les Grandes Mesas (2D7) i les Pequeñas Mesas (3D8) (vegeu-ne també els comentaris de Ruppert 1952: 22-23, 67, figures 15, 42). Estudis realitzats tant al Castillo com al Templo de las Grandes Mesas han corroborat la funcionalitat d'aquests dos edificis com a temples i, per tant, Maler no es va equivocar en assignar una funció específica a aquestes construccions considerant-ne només la forma.

Pel que fa als palaus, Maler va reconèixer que tant el complex arquitectònic de les Monges com l'estructura Akadzib van complir la funció d'habitació. Morfològicament, els dos edificis són molt semblants, és a dir, les Monges i l'Akadzib contenen nombroses i àmplies cambres: aquestes cambres són independents l'una de l'altra, el volum de construcció en les dues construccions és imponent i les seues llindes tenen gravats textos jeroglífics que parlen d'individus que —aparentment— van ocupar aquestes construccions.

Per exemple, Maler va referir-se al complex arquitectònic de les Monges com el "Gran Palau-Temple de les Inscripcions" per la presència d'escriptura jeroglífica. Aquests textos jeroglífics han estat interpretats per Nikolai Grube (1994: 329) com

la "representació no monàrquica de l'estructura política de Chichén Itzá, ja que líders de diversos llinatges i famílies van utilitzar l'edifici per a finalitats comunitàries i administratives". No obstant això, noves interpretacions sobre la funció del complex arquitectònic de les Monges suggereixen que aquest edifici potser va ser utilitzat com una casa de consell (*popol nah* en llengua maia). A més a més, aquest complex arquitectònic potser es va fer servir també com la residència privada de K' ak' upakal, el qual, d'acord amb la interpretació de l'evidència jeroglífica de l'epigrafista espanyol José Miguel García Campillo (2001), esdevingué el sobirà o governant suprem de Chichén Itzá en el segle IX dC. De fet, al complex arquitectònic de les Monges es distingeixen els dissenys d'estora i un tron de jaguar bicèfal situat a la base de l'escalinata principal de l'edifici. La presència d'aquests elements associats amb l'estructura del tipus palau com ara les Monges s'associen definitivament amb la institució de govern.

La interpretació de García Campillo sobre els textos jeroglífics del complex arquitectònic de les Monges i la resta de Chichén Itzá contradiu radicalment els arguments i punts de vista tradicionals expressats per Nikolai Grube, David Freidel, Ruth Krochock, Linda Schele i David Stuart pel que fa a l'estructura política no monàrquica de Chichén Itzá. A més, les meues investigacions sobre els patrons d'assentament del jaciment, en combinació amb els resultats de les anàlisis de la distribució interna d'obsidiana per Geoffrey Braswell (2000) i l'anàlisi detallada de Terance Winemiller (1997) sobre les pedreres de calcària de Chichén Itzá, donen suport a l'existència d'una societat complexa des del segle IX dC, i aquestes interpretacions estan molt d'acord amb la proposta de García Campillo.

Fig. 3: Un detall de les pintures murals del Temple dels Jaguars de Chichén Itzá, Yucatán. Dibuix d'Adela Bretón. Pres de Beatriz de la Fuente i Leticia Staines, 2001, p. 33.

Maler es va referir als altars de la Plataforma dels Tigres i les Àguiles (cat. 30), el Tzompantli o Plataforma dels Cranis i la Plataforma de Venus com els mausoleus I, II i III respectivament. Segons Maler, aquestes tres construccions degueren haver servit com a tombes de personatges importants. Això no obstant, la proposta de Maler ha resultat equivocada ja que, en el cas de la Plataforma dels Tigres i les Àguiles i la de Venus, aquestes construccions van tenir més aviat un paper cerimonial-ritual i no van funcionar com a mausoleus.

La Plataforma dels Tigres i les Àguiles i la Plataforma de Venus presenten una planta arquitectònica semblant, ja que la seua superfície és de planta quadrangular i quatre escalinates situades en cadascun dels quatre costats de la plataforma permeten pujar des del nivell natural del terreny fins a la parte de dalt de l'altar. Cal indicar que tant la Plataforma dels Tigres i les Àguiles com la Plataforma de Venus van ser excavades en 1875 i 1883 respectivament per un altre viatger i explorador, de nom Augustus Le Plongeon (Desmond i Messenger 1988). Le Plongeon va suggerir que els maies van ser els fundadors de la civilització al Nou Món i transportaren les seues cerimònies i rituals des de Grècia, Egipte, Mesopotàmia i l'Índia al Vell Món fins a Yucatán.

En el cas del Tzompantli o Plataforma de los Cranis, té una planta rectangular amb un sortint lleuger al costat oriental que acaba a l'escalinata de l'edifici localitzada al costat est. El Tzompantli de Chichén Itzá va ser construït com un element arquitectònic més dins el conjunt principal de l'assentament, i l'edificació es va produir en algun moment del segle X dC. No obstant això, la seua funció degué haver estat exclusivament ritual, ja que a la part superior es van col·locar, possiblement, els cranis d'individus que van ser decapitats.

Maler i la pintura mural i iconografia a Chichén Itzá

Maler va ser un dels pocs investigadors que van tenir la sort d'admirar les pintures murals que encara hi havia a la part superior del Temple dels Jaguars associat al Gran Joc de Pilota i en algunes de les cambres de la part superior del complex

Fig. 4: Un detall de les pintures murals del Temple dels Jaguars de Chichén Itzá, Yucatán. Dibuix d'Adela Bretón. Pres de Beatriz de la Fuente i Leticia Staines, 2001, p. 34.

arquitectònic de les Monges. Les pintures de la part superior del Temple dels Jaguars estan conservades, i en són una prova els estudis i les reproduccions que se n'han fet (v. Coggins i Shane 1984; Miller 1977) (fig. 3 i 4). No obstant això, les pintures murals del complex arquitectònic de les Monges han desaparegut en els darrers cent anys.

Maler (1932) va indicar que copià un dels murals del complex arquitectònic de les Monges. Això no obstant, la còpia d'aquesta pintura mural es va fer en paper de mala qualitat i, amb el pas del temps, la pintura s'hi va esborrar. D'aquesta pintura mural, només ens en queda la descripció següent de Maler:

"La sala del lado sur muestra haber estado antes ricamente pintada, representando en colores vivos escenas de la historia maya. Se ven restos de una gran canoa cargada de guerreros que desembarcan para atacar una ciudad de edificios arquitectónicos. Un guerrero que ya ha subido una azotea desde la cual lanza dardos, con tizón amarrado en la punta, sobre edificios circunvecinos."

Partint d'aquesta descripció és impossible determinar quina va ser la ciutat atacada pels guerrers, o si únicament es tracta d'una al·legoria. No obstant això, no hi ha dubte que les representacions de guerrers són un tema important i fins a cert punt central en l'art de Chichén Itzá; i en són bona prova les seues representacions en altres pintures murals, com ara les de la part superior del Temple dels Jaguars associat al Gran Joc de Pilota, o les columnes del Temple dels Guerrers (cat. 31). De fet, a la part superior del Temple dels Jaguars un guerrer o "Capità Serp" és el personatge central de la iconografia i pintura mural.

Maler va proposar que la part superior del Temple dels Jaguars situat al costat oriental del Gran Joc de Pilota de Chichén Itzá estava associat a Kukulkán. Indicà que les pintures murals i els baixos relleus estaven dedicats a aquest important sobirà o governant de Chichén Itzá. Crec que aquesta vegada la proposta de Maler resultà ser certa encara que no va fer mai un estudi extensiu i detallat de la iconografia a Chichén Itzá.

Estudis iconogràfics realitzats per Linnea Wren (1994) suggereixen que l'individu assegut al tron de jaguar al Temple Nord del Gran Joc de Pilota és un governant o sobirà suprem. Aquest governant suprem està envoltat per una serp emplomallada i pot ser comparat amb una figura semblant que també està envoltada per una serp emplomallada a la part superior del Temple dels Jaguars. A aquesta figura es refereix Arthur Miller (1977) com el "Capità Serp" o protagonsita principal de l'escena.

La proposta de Linnea Wren sobre l'existència d'un sobirà o governant suprem a Chichén Itzá sembla rebre suport de la interpretació de Miller (1977) dels murals situats a la cambra A de la part superior del Temple dels Jaguars. D'acord amb Miller (1977), els murals commemoren una sèrie de confrontacions entre dos adversaris en què el "Capità Serp" resulta clarament victoriós sobre el "Capità Disc Solar". A més a més, hi ha pintades diverses representacions de sacrificis humans a les voltes de la part superior del plafó nord i al registre superior de la llinda a l'entrada de la cambra A. En aquestes dues àrees es representa el "Capità Serp" realitzant sacrificis humans per mitjà de l'extracció del cor de les seues víctimes com a resultat de les seues reeixides campanyes militars contra el "Capità Disc Solar".

Els murals de la cambra A al Temple dels Jaguars no només mostren la confrontació militar de dos exèrcits comandats per dos capitans diferents, sinó que també representen la commemoració victoriosa d'un d'aquests capitans, és a dir, "Capità Serp". Sens dubte, crec que la representació del "Capità Serp" al Temple Nord del Gran Joc de Pilota al·ludeix a la seua entronització com a senyor i governant suprem de Chichén Itzá després d'haver derrotat el "Capità Disc Solar". A més, no hi ha cap representació del "Capità Disc Solar" al Temple Nord del Gran Joc de Pilota.

Els murals de la cambra A a la part superior del Temple dels Jaguars i les representacions al Temple Nord del Gran Joc de Pilota fan al·lusió a una història típica del període clàssic maia: un sobirà és desafiat per un contrincant, el governant s'enfronta a l'enemic, el governant perd i mor, el nou sobirà és entronitzat. Sembla que potser Kukulkán o el "Capità Serp" va ser el gran senyor que reporten les *Relaciones histórico-geográficas de la Gobernación de Yucatán*, el qual va residir a Chichén Itzá, dominà la terra de Yucatán i va rebre tributs dels senyors de Mèxic, Chiapas i Guatemala. De fet, fra Diego de Landa (1959) va registrar en el segle XVI que Kukulkán fou un gran senyor que governà Chichén Itzá.

Comentaris finals

Més d'un segle ha transcorregut des que Teoberto Maler ve treballar a Chichén Itzá i les seues aportacions a l'arqueologia d'aquesta antiga comunitat de la fi del període clàssic s'han de considerar importants. Com hem vist, Maler va utilitzar una varietat de tècniques en camp per poder realitzar les seues investigacions, i aquestes tècniques incloïen el recorregut, la confecció de mapes, la descripció d'estructures, excavacions i interpretacions dels materials o informació obtinguda.

En aquest treball he intentat destacar les aportacions vàlides i també he fet ressaltar les opinions que han resultat equivocades. Crec que un dels comentaris realitzats pel mateix Maler (1932: 29) representa bé el viatger i explorador de la fi del segle XIX a Chichén Itzá. El comentari diu:

"Dediqué un tercer mes a hacer en templos y mausoleos derrumbados algunas excavaciones que me dieron inesperados y grandiosos resultados que el mundo científico, temprano o tarde me agradecerá."

Sens dubte, els qui treballem fent arqueologia estem enormement agraïts a Maler no tant per les seues troballes de materials prehispànics a temples i altars, sinó més aviat per les seues valuosíssimes aportacions. Aquestes aportacions han contribuït i continuen contribuint al nou avanç de l'arqueologia de Chichén Itzá i de les altres terres baixes maies.

Angulo V., Jorge, "Conceptos generales y controversiales sobre la cultura maya", dins Beatriz de la Fuente i Leticia Staines Cicero (coord.), *La pintura mural prehispánica en México. Área maya*, 3 vol., Instituto de Investigaciones Estéticas UNAM: III, México D.F., 2001.

Braswell, Geoffrey, *The Emergence of Market Economies in the Ancient Maya World: Obsidian Exchange in Terminal Classic Yucatán, Mexico.* Paper presented at the 65th Annual Meeting of the Society for American Archaeology. Philadelphia, Pennsilvània, 2000.

Cobos, Rafael, "El centro de Yucatán: De área periférica a la integración de la comunidad urbana en Chichén Itzá", dins A. Ciudad, M. J. Ponce de León i M. C. Martínez (ed.), *Reconstruyendo la ciudad maya: El urbanismo en las sociedades antiguas*, ps. 253-276. Publicaciones de la Sociedad Española de Estudios Mayas, núm. 6, Madrid, 2001.

Cobos, Rafael, i Terance L. Winemiller, "The Late and Terminal Classic-Period Causeway Systems of Chichén Itzá, Yucatán, México". *Ancient Mesoamerica* 12: 1-9. Cambridge University Press, 2001.

Coggins, Clemency Ch., i Orrine Shane III (ed.), *Cenote of Sacrifice: Maya Treasures from the Sacred Well at Chichen Itza*. University of Texas Press, Austin, 1984.

Desmond, Lawrence G., i Phyllis Mauch Messenger, *A Dream of Maya, Augustus and Alice Le Plongeon in Ninteenth-Century Yucatan*. University of New Mexico Press, Albuquerque, 1988.

García Campillo, José Miguel, "Santuarios urbanos. Casas para los antepasados en Chichén Itzá", dins A. Ciudad, M. J. Ponce de León i M. C. Martínez (ed.), *Reconstruyendo la ciudad maya: El urbanismo en las sociedades antiguas*, ps. 403-423. Publicaciones de la Sociedad Española de Estudios Mayas, número 6. Madrid, 2001.

Graham, **Ian**, "Teobert Maler", dins *The Oxford Encyclopedia of Mesoamerican Cultures*, vol. 2: 153. Cambridge University Press, 2001.

Grube, **Nicolai**, "Hiroglyphic Sources for the History of Northwest Yucatan", dins Hans J. Prem (ed.), *Acta Mesoamericana* 7, ps. 316-358, Verlag von Flemming, Möckmül, 1994.

Landa, **Diego de**, *Relación de las cosas de Yucatán*. Editorial Porrúa, México, D.F., 1959.

Maler, **Teobert**, *Impresiones de viaje a las ruinas de Cobá y Chichén Itzá*. Imprenta del Editor, Mérida, Yucatán, 1932.

— *Península Yucatán*. Monumenta Americana V. Herausgegeben vom Ibero-Amerikanischen Institut. Gebr. Mann Verlag. Berlín, 1997.

Miller, **Arthur G.**, "Captains of the Itzá: Unpublished Mural Evidence from Chichén Itzá", dins N. Hammond (ed.), *Social Process in Maya Prehistory. Studies in Honor of Sir Eric Thompson*, p. 197-225. Academic Press, Londres, Nova York, San Francisco, 1977.

Morley, **Sylvanus G.**, *The Inscriptions of Peten*. Carnegie Institution of Washington, Publication 406, 2 vol. Washington, D.C., 1937-1938.

Pollock, **Harry E. D.**, *The Puuc: An Architectural Survey of the Hill Country of Yucatan and Northern Campeche, Mexico*. Memoirs of the Peabody Museum, vol. 19. Harvard University, Cambridge, Massachusetts, 1980.

Ruppert, **Karl**, *Chichen Itza: Architectural Notes and Plans*. Carnegie Institution of Washington, Pub. 595. Washington, D.C., 1952.

Winemiller, **Terance L.**, *Limestone Resource Exploitation by the Ancient Maya at Chichén Itzá, Yucatán, México*. M. A. Thesis, Lousiana State University, Baton Rouge, Louisiana, 1997.

Wren, **Linnea**, "Ceremonialism in the Reliefs of the North Temple, Chichén Itzá", dins M. Greene i V. Miller (ed.), *Seventh Palenque Round Table*, 1989.

"[...] Yucatán es una gran península caliza en vía de constante formación; llanura casi árida al norte, en donde el humus o mantillo apenas ha tenido tiempo de formarse; más fértil y más accidentada al centro, a causa de su formación más antigua, de los levantamientos más marcados y de las derivaciones de la Sierra Madre que atraviesa toda la América Central."

Consideracions socials i tècniques sobre els especialistes en la preparació de l'estuc a l'àrea maia: la repercussió dels seus coneixements en la seua conservació i en la de la pintura mural

M. Luisa Vázquez de Ágredos Pascual
Universitat de València

"La tècnica pictòrica té tant de pes sobre l'estil com en té la qualitat intel·lectual de l'artista"
Tatiana Proskouriakof

Els inicis de la complexitat social a l'àrea maia se situen a final del preclàssic mitjà i l'inici del preclàssic tardà, entre el 400 i el 300 aC.

En aquells moments, la jerarquització social, àmpliament documentada a partir de les diferències d'aixovar registrades en els recintes funeraris, esdevé el tret més distintiu de la civilització maia.

La divisió de classes va donar lloc a una elit que necessitava l'especialització del treball a fi de disposar de professionals que produïren aquelles manifestacions públiques capaces de poder transmetre el poder del seu grup.

Entre totes aquestes expressions, l'arquitectura monumental es va convertir en el símbol hegemònic de la classe dirigent per excel·lència, aquella que en si mateixa posseïa el contingut semàntic necessari per estendre a la resta de la societat el missatge de poder i de prestigi de la cort reial d'una ciutat en relació amb la d'una altra d'un mateix àmbit regional o diferent (cat. 13).

Fig. 1: Detall d'una de les columnes amb figures modelades en estuc d'una de les estructures vinculades al Castell de Mayapán, Yucatán. (Foto F. Tec)

Igual que s'esdevingué amb els inicis de l'arquitectura monumental en altres civilitzacions, en la cultura maia es va caracteritzar no pel fet de ser una expressió aïllada, sinó per integrar-se tècnicament, estèticament i simbòlicament dins una plàstica artística que vinculava l'escultura i la pintura com a parts constituents del procés i el llenguatge arquitectònic final (cat. 18).

La unificació de l'arquitectura, la pintura i l'escultura a favor d'una redacció global de les arts, es va beneficiar de l'ús de l'estuc com una pell que revestia, en la major part dels casos, aquesta unitat estètica, des dels orígens en el preclàssic fins al decadent postclàssic (fig. 1).

L'ús d'aquest material com a element de cobriment dels murs interiors i exteriors dels edificis, com a preparació mitjancera entre aquells i extensions uniformes de color, com també d'expressives pintures murals, i com a substància plàstica apta per al modelatge de l'escultura arquitectònica o per al recobriment últim, van fer-lo omnipresent al llarg de tota la trajectòria constructiva i artística de l'àrea maia, per bé que el seu ús es va accentuar en aquells períodes en què el tall i la talla de la pedra no estaven prou desenvolupats, un fet que donava lloc a superfícies tosques que necessitaven una pel·lícula unificadora.

Les anàlisis que s'han dut a terme fins a aquests moments posen de manifest l'alt nivell de coneixements que tenien els especialistes dedicats a la preparació d'aquest compost generalment concebut per rebre color, i és possible afirmar que per tal d'elaborar-lo es tenien en compte consideracions tècniques segons el nivell de degradació del medi ambient a què s'havien d'enfrontar i en relació amb l'estètica i el significat final que s'hi desitjava obtenir.

És evident que si l'alta humitat i les elevades temperatures van ser els ingredients que més amenaçaven la supervivència de l'arquitectura maia a tota la seua regió de desenvolupament (cat. 20), els mateixos factors van condicionar el manteniment de l'estuc fins al punt de fer-lo desaparèixer en un gran percentatge dels exemples que ens han arribat als nostres dies.

Això no obstant, si, malgrat els determinants climàtics, actualment és encara possible trobar evidències d'estuc i, fins i tot, la iconografia i el color que sustentaven, és conseqüència de la saviesa que sobre materials i tècnica van tenir els artistes maies

en el moment de concebre-les, ja que si és veritat que la tècnica i, sobretot, l'habilitat o la mestria tècnica no impliquen per si mateixes la qualitat del producte artístic, aquesta sempre es relaciona amb l'ús dels materials i de les tècniques (Bordini 1995: 8).

Tot i que ben pocs estudis fins ara han abordat l'anàlisi social d'aquells especialistes que van participar en les diverses taaques integrants d'una mateixa manifestació artística final, com ara l'arquitectura i les seues manifestacions escultòriques i pictòriques associades, és possible afirmar a partir de l'anàlisi dels materials utilitzats, com també de la tècnica, que degueren existir escoles regulades per un sistema de treball organitzat en una escala de jerarquies que anaven des del mestre fins als aprenents.

És molt possible que els artistes especialitzats en la fabricació de l'estuc compartien aquests coneixements amb aquells que tenien a veure amb l'obtenció i la preparació dels pigments, com també de les gomes vegetals tan utilitzades en l'elaboració del material i en els processos artístics que s'hi associen a la regió maia.

Encara que algunes vegades s'ha volgut veure un mateix especialista per a les figures del pintor i de l'escriba a causa de la relació, en els dos casos, amb els coneixements referents al maneig i l'ús del color, a part que l'aplicació d'aquest tinguera a veure amb suports diferents que abraçaven des del mur estucat fins al còdex, passant per la ceràmica entre altres exemples, és ben cert que l'evidència lingüística sembla indicar el contrari.

A diferència del que s'esdevingué al centre de Mèxic, on el terme *tlacuiloque*, "pintor de signes", era extensiu a pintors i escribes públics, la llengua maia els distingia en anomenar l'escriba *ts'ib* i el pintor *ah woh* (Morante 1998: 45).

Fig. 2: Una pàgina del Còdex de Madrid. Museu d'Amèrica. (C. Vidal [ed.] 1999, p. 148.)

Malgrat que la distinció lingüística a l'àrea maia identificava com dues activitats separades la del pintor i la de l'escriba, relacionades, d'altra banda, amb dos conceptes oposats pel que fa a la manifestació artística, el públic i el privat, som del parer que tots dos compartien un mateix tipus d'ensenyaments referents a la preparació dels suports i a l'ús de pigments i aglutinants segons les seues propietats i en relació amb el medi i la seua expressivitat estètica i simbòlica.

En aquest sentit, tant la superfície del mur com l'escorça d'alguns arbres utilitzats per a la fabricació dels còdexs maies, com ara el Kopo', o de l'*amate* al centre de Mèxic, van ser suports que requerien una tècnica de preparació semblant, en la qual la calç, com a matèria, acomplia un paper fonamental.

Així doncs, de la mateixa manera que la calç va ser l'element utilitzat en la construcció, en l'elaboració de relleus i en la realització de pintures murals, el mateix ingredient, dissolt en aigua, remullava les tires d'escorça que s'havien de fer servir en la manufactura dels còdexs maies amb la intenció de suavitzar-les, perquè prengueren la flexibilitat que permetia formar els plecs característics d'aquests exemplars (fig. 2).

Igualment, de la preparació dels suports en avant, és possible trenar tota una sèrie de disciplines artístiques que, com el dibuix, la composició o l'ús d'aglutinants i pigments, degueren ser comunes al pintor i a l'escriba.

En arribar a aquest punt, és interessant assenyalar que la relació entre l'una i l'altra figura no sols tenen a veure amb fenòmens de tipus tècnic, sinó també de tipus tematicosimbòlic.

Per bé que els continguts espirituals, en la seua expressió més pura i complexa, es redactaven en el còdex, ja que el llibre ha estat el suport per excel·lència tant a Orient com a Occident per recollir aquella saviesa teològica la lectura, la reflexió i l'enriquiment de la qual es relacionaria amb una minoria fonamentadora de les bases ideològiques de la societat, també els conceptes inherents a l'art públic, expressat a través de manifestacions com ara la pintura i l'escultura, participen del mateix component ideològic a causa de la funció propagandística i legitimadora que, a través seu, es fa del poder de l'elit.

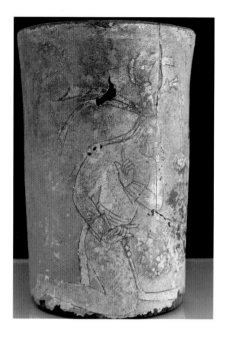

D'aquesta manera, tant la formació del pintor com la de l'escriba inclourien no sols una informació comuna pel que fa a materials i tècniques constitutives de les diferents fases del procés creador, sinó també tot un ensenyament referent a complexos conceptes espirituals, els mateixos que des del discurs públic de les arts servien de garantia i justificació del caràcter sagrat de l'elit dirigent.

En conclusió, admetem la importància que té la distinció que fa la llengua maia de la figura del pintor i de la de l'escriba, però considerem alhora que hagué d'existir una formació tècnica i teòrica molt semblant per a tots dos especialistes d'acord amb el que hem exposat.

Des d'aquesta perspectiva, és important assenyalar que des d'un mateix ofici, com pot ser el del pintor, devien sorgir branques diverses; és el cas de la de l'escriba, que redacta en imatges i text els còdexs, la del pintor ceramista (fig. 3) o la del muralista.

La formació de l'ofici devia constar d'ensenyaments comuns per a qualsevol d'aquestes especialitats originades d'un mateix tronc, com també de consideracions teòriques i pràctiques independents per a cadascuna.

Per analogia comparativa amb allò que algunes fonts posteriors a la conquesta ens han transmès per a les cultures prehispàniques de l'altiplà central, especialment l'asteca, sembla que l'educació i els coneixements d'un ofici s'heretaven i s'exercien d'acord amb el parentiu.

En aquest sentit, cal dir que en el foli 70 del Còdex Mendoza es mostra un grup de quatre aprenents de fuster, lapidari, argenter i pintor, els quals reben els ensenyaments de l'ofici dels seus pares (Morante 1998: 42).

Fig. 3: Vas ceràmic policromat conservat en el Museu Nacional d'Arqueologia i Etnologia de Guatemala. (C. Vidal [ed.] 1999, p. 110.)

Tot i que no disposem a l'àrea maia d'un document amb imatges o text semblant a aquest, és ben probable que el sistema seguit fóra el mateix que el que hem exposat per al centre de Mèxic.

Tenint en compte que la societat maia s'estructurava jeràrquicament i que el trànsit d'un estat a l'altre no era possible ja que el món, i la seua ordenació, era una continuïtat de l'harmonia del cosmos, en què la terra s'hi integrava com un dels tres nivells articuladors, amb el cel i l'inframón, qualsevol alteració d'aquest estat en equilibri garantia una inestabilitat general que afectaria, des de la societat, tota la creació.

Sobre la base d'aquest argument, es naixia dins la classe social que corresponia a cada individu i en la qual hauria de desenvolupar les diferents etapes i activitats de la seua vida.

Com a fonament d'aquesta idea, sens dubte molt beneficiosa per a l'elit social que legitimava el seu poder per mitjà d'unes relacions de parentiu que els feien descendents directes de la divinitat, resulta bastant creïble que qui naixia al si d'una família amb el pare pintor, a l'últim prendria l'especialitat de l'antecessor.

D'aquesta manera, per tant, cada professió s'estructurava a través d'escoles en què la tradició de l'ofici i els coneixements lligats a la seua pràctica es transmitien.

A continuació, pararem atenció en aquella especialitat que tenia a veure amb l'elaboració de superfícies d'estuc que no sols van complir la funció de donar una aparença homogènia als murs i sistemes de cobriment amb volta dels edificis, sinó que també es van fer servir com a suport de capes uniformes de color o d'elaborats programes iconogràfics murals.

Es tracta d'especialistes amb uns coneixements que els relacionen amb un altre grup d'artífexs, els arquitectes, ja que comparteixen un mateix tipus d'ensenyament referent a la fabricació de la barreja que, d'una banda, servia de cimentador per a la construcció i, d'altra banda, com a base per al modelatge d'escultura arquitectònica o, la que ens interessa, superfícies per a la pintura mural.

Alhora, aquests artistes aplicaven altre tipus de teoria, aquella que tindria a veure amb el fet de donar a la mateixa massa destinada a l'edificació noves qualitats que la feren òptima per a la recepció de l'expressió pictòrica i garantir-ne així no sols l'existència, sinó també la conservació futura.

Les fotografies registrades entre final del segle XIX i principi del segle XX per Teoberto Maler no son només les imatges d'una arquitectura que mor asfixiada per l'abundant vegetació, sinó que són el testimoniatge de la progressiva pèrdua de les seues parts integrants, i una de les principals és la que es relaciona amb els recobriments d'estuc i les seues manifestacions artístiques.

En aquest sentit, exemples tan significatius com el gran rostre humà que emergia de l'Estructura I de Nocuchich en l'època en què Maler el va registrar, 1886-1892, avui dia ha desaparegut, i només els registres anteriors ens en permeten conèixer l'existència (cat. 19).

Amb l'estuc i les seues expressions artístiques associades formant part de la mateixa arquitectura, aquell pateix els mateixos factors de deterioració que aquesta, el més important dels quals és la humitat, que es registra, al llarg de la península de Yucatán, en índexs diferents segons les propietats de la roca calcària que configura el sòl de cada regió.

La península de Yucatán, que abraça els actuals estats de Yucatán, Campeche, Quintana Roo, part de Chiapas i de Tabasco i el nord de Guatemala, es caracteritza perquè, des de la seua formació, es va articular en diferents províncies geològiques. Aquesta regió emergeix de sud a nord de manera que les primeres àrees que van aparèixer van ser les del nord de Guatemala, el sud de Campeche i les parts de Chiapas i Tabasco, durant el terciari primerenc, configurades amb sòls de calcàries dolomítiques, mentre que les altres zones, més septentrionals, sorgeixen durant el terciari tardà com a formacions de calcita i aragonita (Maldonado-Koerdel 1964: 24)*

Fig. 4: Detall de l'interior de la cambra amb les pintures murals de l'Estructura I de D'zula, Yucatán. (Foto F. Tec)

* També en Diana Magaloni, 1996.

D'aquesta manera, com que tota la península de Yucatán és una enorme extensió de calcària, la naturalesa dolomítica de la seua àrea més meridional fa de l'alt contingut de magnesi de les seues calcàries que aquestes siguen molt més resistents que les localitzades a l'àrea més del nord, on l'alt contingut de calci de la roca fa que siga molt soluble al contacte amb l'aigua.

Aquesta distinció és molt important en el moment de valorar el problema de la humitat per capil·laritat en l'arquitectura i en la pintura mural representada als seus murs i a les voltes, ja que la major porositat de la calcària calcítica de la part septentrional de la península de Yucatán va fer que, malgrat que la humitat és un problema comú de tota la regió, el problema s'accentuara més a l'àrea indicada que en altres més meridionals (fig. 4).

Com que els tallers s'alimentaven dels béns que cada regió aportava per al desenvolupament de cada una de les especialitats, els arquitectes que van treballar a l'extrem nord de la península van utilitzar una pedra calcària per al desenvolupament estructural de les construccions la porositat i la solubilitat de les quals facilitaven una major filtració d'humitat des del nivell freàtic del subsòl, la qual s'escampava de baix a dalt afectant en aquest ordre l'arquitectura, l'estuc i les manifestacions plàstiques que s'hi associen.

En aquest sentit, és molt freqüent veure a l'interior dels edificis, com una constant, una pèrdua de l'estuc que comença per les zones inferiors dels murs i va pujant fins a arribar a un nivell en què la seua pervivència encara és llegible.

És interessant fer notar que en aquelles ciutats en què persisteixen pintures murals amb una conservació més òptima dins l'àrea a què ens referim, aquestes formen part d'arquitectures en la construcció de les quals s'ha utilitzat pedra calcària dolomítica, amb un alt contingut de magnesi que ha obstaculitzat lleugerament la filtració de la humitat per capil·laritat en el grau en què aquesta era absorbida amb els edificis de calcària calcítica. Igualment, l'ús de la calç rica en magnesi per preparar la pasta de l'estuc asseguraria una major resistència de la barreja que no l'obtinguda amb l'ús de calç calcítica.

D'aquesta manera, els resultats d'anàlisis de calç que Diana Magaloni va dur a terme a 23 llocs arqueològics de la península de Yucatán van detectar a la cambra 10 de

l'Estructura A de Chacmultún, Yucatán, i a l'Estructura I del lloc de Xuelén, Campeche, l'ús de calcària dolomítica en associació amb la calcítica (Magaloni 1996: taula 2).

La presència de calç dolomítica en el compost ha garantitzat en els dos casos una conservació més favorable de les manifestacions pictòriques respectives en relació amb la que han tingut les d'altres ciutats de les mateixes regions.

No obstant això, independentment de la millor conservació, la humitat per capil·laritat es fa evident per l'absència de pintura en els nivells més inferiors del mur en contrast amb la riquesa iconogràfica que encara és possible registrar en els superiors, un fet que és especialment detectable a Chacmultún (fig. 5).

Amb aquest tipus d'humitat, l'altra que provoca els majors problemes de conservació a l'àrea maia és la produïda per les entrades d'aigua de pluja afavorides pel trencament de les cobertes, coneguda com *humitat per infiltració*.

La tecnologia constructiva entre els maies no va desenvolupar autèntiques voltes a partir de l'ús de l'arc de mig punt, sinó que va fabricar "falses voltes" per al cobriment de l'arquitectura.

Com que es tracta d'una volta alçada mitjançant una successió de fileres sobreposades en cadascuna de les parets fins que es tanca en una fila superior de lloses, cadascun dels seus paraments funciona de manera independent respecte de l'altre, i això facilita que la caiguda d'un no implique la caiguda de l'altre, de manera que es deixa la construcció parcialment oberta i es contribueix a l'entrada de l'aigua de pluja, entre altres agreujants.

Altres causes de deterioració a l'àrea maia a partir de la capil·laritat van ser els sulfats dissolts en l'aigua del subsòl

Fig 5: Detall de les pintures murals de l'Edifici de les Pintures de Chacmultún, Yucatán. (Foto de F. Tec)

que gradualment va absorbint l'estructura; és fàcil localitzar-ne la presència en forma de despreniments de la pel·lícula de color a causa de l'empobriment que els nivells de morter i blanquejat van patint amb la pèrdua progressiva de la calç.

D'altra banda, l'alta humitat relativa de l'àrea maia determina el naixement de microorganismes, especialment fongs, com a causa biològica de degradació més comuna en els suports d'estuc receptors de les pel·lícules de color, fàcilment visibles en forma de taques i petits trencaments que a l'últim provoquen la caiguda de la capa pictòrica.

En conclusió, com a factor de deterioració per si mateix, i com a condicionant del sorgiment d'uns altres, com ara els de naturalesa biològica, la humitat ha sigut i és per excel·lència el major problema per a la conservació de l'estuc associat a l'arquitectura maia, i ha estat concebut com a suport de les seues manifestacions murals (cat. 39).

No sols això, sinó que en el moment en què els especialistes van afrontar l'elaboració del material es van adonar que l'alta humitat de l'àrea maia provocava un ràpid procés d'assecament d'aquest i no donava prou temps a la barreja perquè tots els components configuraren l'entramat amb prou capacitat adhesiva i de cohesió.

Davant d'aquest fet, van haver d'idear la incorporació a la matriu essencial de la pasta, constituïda per la calç i per una càrrega que, generalment, era *sascab*, terme descrit com la "terra amb què es fabrica la calç" (Barrera 1980: 708), alguna altra substància capaç de prolongar la humectació del compost a fi de donar-hi el temps necessari per a la configuració de totes les seues propietats, les mateixes que en garantirien la millor conservació.

És la comprensió del medi i dels factors perjudicials per al material elaborat per aquests especialistes, com també el coneixement de l'entorn natural, el que va portar aquests artistes a saber extraure d'aquella mateixa natura l'ingredient capaç de mantenir hidratat l'estuc durant més temps a fi de perfeccionar-ne l'estructuració final, de la mateixa manera que és, en última instància, el tret més clar des del qual podem afirmar l'alt nivell de desenvolupament tecnològic assolit per l'especialitat.

A partir de la dècada dels noranta del segle XX, les anàlisis químiques van començar a detectar la presència d'un aglutinant orgànic en la producció de la pintura mural. Des d'aquests moments, i fins a la data actual, són vertaderament importants els avenços aconseguits arran dels treballs de l'Institut d'Investigacions Estètiques de la Universitat Nacional Autònoma de Mèxic, especialment els derivats del projecte "La pintura mural prehispànica a Mèxic" i, des del punt de vista tècnic, els que va dur a terme la historiadora de l'art Diana Magaloni, que confirmen la presència de gomes vegetals en els estrats murals. En aquest sentit, la fórmula general utilitzada pels artistes maies per a la realització de l'estuc va ser calç + *sascab* + gomes vegetals.

A vegades, el sascab podia substituir-se per una terra blanca anomenada en llengua maia sak lu'um, equivalent, de manera general, a la nostra attapulgita i saponita, com també per altres solucions capaces de funcionar com a càrrega, tal com s'esdevé amb els trossos de calç endurida, de calcites clàstiques, o arenes dures com ara quars i feldspats (Magaloni 2001: 159).

Pel que fa a les gomes vegetals, procedien de l'escorça de certs arbres que creixien a l'àrea maia amb la capacitat additiva necessària per a millorar la plasticitat i humectació del compost, uns arbres per als quals la llengua maia tenia una paraula que els englobava independentment de l'espècie de què es tractava, *holol*, amb el significat d'"árbol de corteza glutinosa" (Magaloni 2001:160).

Pel que sembla, aquestes gomes s'integraven durant el procés d'obtenció de la calç.

A l'àrea maia, aquest procés passava per unes fases que seguien les mateixes directrius que les altres tradicions tècniques previstes en altres civilitzacions.

Aquest esquema general parteix de la roca calcària, carbonat de calci, la qual, escalfada a temperatures de 800° C, comença a transformar-se en unes pólvores de calç conegudes com *òxid de calç* o *calç viva*.

128

En aquells moments, les pólvores de calç obtingudes en la combustió es barrejava amb la càrrega que s'havia pensat utilitzar, generalment *sascab*, com hem dit adés.

Una vegada que la calç i el *sascab* s'havien integrat en la proporció correcta, s'arribava a una nova fase coneguda pels maies com la de l'*amarament de la calç*, en què la barreja anterior se submergia en pasteres d'aigua a fi d'obtenir l'hidròxid de calci o, per dir-ho d'una altra manera, una massa hidratada que servia de ciment per a la construcció, per escampar aplanades d'estuc o per configurar els morters i blanquejats receptors de la pintura mural.

Sembla que els maies van utilitzar el moment de l'amarament de la calç per introduir a l'aigua on se submergia aquesta les escorces d'alt poder additiu, i això augmentava, a partir d'aquell instant, el grau d'hidratació del compost, garantint-ne la major plasticitat, cohesió i resistència posterior.

En 1996, Diana Magaloni i un grup de persones de l'Institut d'Arts Plàstiques de Chiapas van fer un treball d'arqueologia experimental des del qual va ser possible ratificar que l'ús de gomes afegides a la calç i el sascab produïen dues setmanes després "una pasta densa, plástica y con buenas propiedades de fraguado" (Magaloni 2001: 160).

Sabem que, si més no a l'altiplà central, es coneixia la tècnica de fabricar aglutinant a partir dels pseudobulbs de certes orquídies. Es llavaven i se seccionaven en petits trossets que es posaven a assecar al sol. Després, es trituraven fins que quedaven reduïts a unes pólvores que, dissoltes en aigua, produïen una pasta de fort poder adhesiu (Sahagún 1956, III: 150; Hernández 159, II: 118-119).

No sabem si els artistes maies coneixien procediments semblants per a treballar les escorces i gomes que s'utilitzaven en l'elaboració dels estucs, però cal esmentar la informació que ens arriba de l'època colonial referent a l'àrea de l'altiplà central, ja que il·lustra el perfecte coneixement que tenien les antigues cultures prehispàniques de l'entorn i les seues possibilitats, unes cultures que estaven connectades per mitjà de xarxes de camins que permetien no sols l'intercanvi comercial, sinó també tot aquell relacionat amb les idees, els ensenyaments i les tradicions regionals.

Fins ara, els estudis ens indiquen que la presència d'aglutinants orgànics que lligaven la pel·lícula pictòrica amb el blanquejat en la pintura mural maia anul·la la tècnica en fresc com a proposta més estesa durant els darrers anys, a favor de la tècnica en sec.

L'ús d'aquesta tècnica va contribuir a una pitjor conservació d'aquestes evidències davant un medi tan agressiu, ja que la naturalesa orgànica d'aquests aglutinants queda afectada per les variables climàtiques i els atacs biològics, fins al punt de poder arribar a perdre la capacitat additiva i de provocar, conseqüentment, el despreniment de la pel·lícula pictòrica, a diferència del que ocorre amb el fresc, on la crosta superior de carbonat de calci que es crea per l'absorció del carboni de l'aire durant el procés d'assecament es fixa sobre aquella i contribueix, així, a deturar-ne la caiguda.

La síntesi entre materials orgànics i inorgànics amb la finalitat d'aconseguir una barreja que no sols fóra capaç de resoldre fases de la construcció, o de la configuració de morters i blanquejats, sinó que a més tinguera la capacitat d'estar preparada per a resistir el clima i l'entorn d'un medi tan humit, torna a ser la recepta emprada pels pintors maies per a la creació d'una paleta cromàtica tan rica i extensa com la que encara avui podem gaudir en els fragments murals conservats.

Resulta interessant comprovar, a partir d'alguns dels manuscrits virregnals, entre els quals destaquen els de fra Bernardino de Sahagún i el de Francisco Hernández, que en la fabricació dels pigments se seguia el mateix procediment que hem descrit per a l'elaboració de la calç.

Ens referim, concretament, a la fase de l'amarament de la calç, el moment en què el material era submergit a l'aigua on s'havien dipositat les escorces amb alta capacitat additiva, ja que, segons aquests cronistes, en la fabricació dels colors es va utilitzar aigua de calç enriquida amb gomes vegetals per dissoldre-hi els pigments.

Conclusions

En la primera part de l'article ens hem centrat a entendre de quina manera l'especialització assolida entre els artistes maies va ser el resultat de processos d'aprenentatge que eren heretats i transmesos a escoles o tallers en què el nivell de coneixement tècnic marcaria la jerarquia dels seus membres.

En el cas de l'elaboració de l'estuc i de les seues expressions estètiques associades, sembla que a l'àrea maia es va compartir una mateixa tradició pel que fa al seguiment d'un mateix procés, i les diferències es relacionaven, principalment, amb l'ús de determinats materials d'acord amb l'àrea geogràfica i dels seus recursos. Sobre això, recordem l'ús de calcàries dolomítiques a les regions més meridionals de la península de Yucatán, enfront de les utilitzades a les més septentrionals, caracteritzades per ser calcítiques i, conseqüentment, menys resistents.

Aquest factor geogràfic, unit potser a la major o menor erudició d'unes escoles respecte de les altres, permet traçar distàncies entre elles.

Això no obstant, a grans trets, som capaços d'advertir que si a hores d'ara ens és possible encara contemplar les evidències d'estuc lligades a l'arquitectura, com també el seu color i les seues representacions iconogràfiques, és degut al gran nivell de coneixements tecnològics que sobre el medi, els recursos, les matèries i les seues combinacions possibles, en fi, tot allò que podia configurar i enriquir el procés tècnic, s'ensenyava a les escoles on els aprenents es formaven.

Al capdavall, des d'aquest sistema no sols s'advocava per l'aplicació d'una tècnica que s'adreçara a la conservació de l'obra d'art, en la qual l'ús de gomes vegetals va ser de gran importància, sinó que s'esperava nodrir-ne el resultat final, aquell que en la pintura maia va ser capaç d'un dinamisme i naturalisme en què tant la tècnica emprada com la preparació d'uns pigments de variables expressives, aptes per combinar efectes d'opacitat i de translucidesa o capaços de crear suspensions de color per capes, van acomplir un paper fonamental.

131

Agraïments

Vull agrair a María Gómez, especialista en tècniques artístiques i la seua conservació del Departament d'Història de l'Art de la Facultat de Geografia i Història de la Universitat de València, tot el suport i l'orientació bibliogràfica que m'ha donat fins ara. Igualment, el meu agraïment als membres del Seminari de Pintura Mural Prehispànica, de l'Institut d'Investigacions Estètiques de la Universitat Nacional Autònoma de Mèxic, molt especialment a Leticia Staines Cícero i a Diana Magaloni Kerpel. Les lectures de l'última i els encertats consells i aportacions bibliogràfiques de la primera són d'una gran importància per a la meua formació en l'especialitat, i han estat fonamentals per a la redacció d'aquestes pàgines.

Bibliografia **Barrera Vásquez, Alfredo** (ed.), *Diccionario maya Cordemex*, Mérida, Yucatán, Cordemex, 1980.

Blanco, Villegas, *Tecnología de pinturas y recubrimientos orgánicos*, México, Editorial Química, 1996.

Bloom, Franz, i Oliver La Farge, Apuntes sobre ingenieros mayas, México, s. e., 1946.

Bordini, Silvia, *Arte e imagen*, Barcelona, Ed. Seibal, 1995.

Buitrago Sandoval, *Informe de los trabajos de conservación que se llevaron a cabo en la zona arqueológica de Toniná, Chiapas, durante los meses de noviembre a diciembre de 1990*, ENCRM, INAH, México, 1991.

Castillo Tejero, Noemi, *Consideraciones generales sobre algunos conocimientos tecnológicos entre los mayas prehispánicos*, INAH, Sección de Arqueología del Museo Nacional de Antropología, México, 1976.

Díaz Balcirdi, Ignacio, *Arquitectura maya e integración plástica*, *tesis de maestría en Arte Prehispánico*, UNAM, México, 1978.

Falcón Álvarez, Tatiana, "La conservación, futuro de la pintura mural", dins M. Teresa Uriarte (coord.), *Fragmentos del pasado, murales prehispánicos*, Ed. Artes de México, México, 1998.

Fuente, Beatriz de la, "Integración plástica", dins M. Teresa Uriarte (coord.), *Fragmentos del pasado, murales prehispánicos*, Ed. Artes de México, México, 1998.

Heredero, M. Antonia, *Las enseñanzas de conservación y restauración en la Facultad de Bellas Artes (pintura mural)*, tesi doctoral, Departament de Composició i Anàlisi Compositiva, Facultat de Belles Arts, Universitat de Barcelona, 1991.

Hernández, Francisco, *Historia de las plantas de la Nueva España*, UADY, Yucatán, México.

Lombardo de Ruiz, Sonia, *La pintura mural en Quintana Roo*, INAH, 1987.

Maldonado-Koerdell, Manuel, Geohistory and Paleogeography of Middle American Indians, vol I., Texas University Press, 1964.

Magaloni Kerpel, Diana, *Materiales y técnicas de la pintura mural maya*, tesi de mestria en Història de l'Art, UNAM, México, 1996.

Magaloni Kerpel, Diana, "El arte en el hacer: técnica pictórica y color en las pinturas de Bonampak", dins Beatriz de la Fuente i Leticia Staines Cícero (coord.), *La pintura mural prehispánica en México. Área maya, Bonampak*, 2 vol., México, Instituto de Investigaciones Estéticas UNAM: II, 1999.

Magaloni Kerpel, Diana, "Materiales y técnicas de la pintura mural maya," dins Beatriz de la Fuente i Leticia Staines Cícero (coord.), *La pintura mural prehispánica en México. Área maya*, 3 vol., México, Instituto de Investigaciones Estéticas UNAM: III, 2001.

Martínez Cortés, Fernando, *Pegamentos y resinas en el México prehispánico*, Resistol, México, 1970.

Mateos, Frida, *Técnica y materiales de los relieves polícromos y la pintura mural de Toniná, Chiapas*, tesi de llicenciatura, ENCRM, INAH, 1994.

Mora, Pablo, L. Mora i P. Philippot, *La conservación de las pinturas murales*, Butterworths, 1984.

Morante, Rubén B., "El pintor prehispánico,", dins M. Teresa Uriarte (coord.), *Fragmentos del pasado, murales prehispánicos*, Ed. Artes de México, México, 1998.

Morris, Earl, H. J. Charlot i A. Morris, *The temple of the warriors at Chichen Itza*, Carnegie Institution of Washington, 1931.

Sahagún, Bernardino de, *Historia general de las cosas de la Nueva España*, 4 vol., Ed. Porrua, México, 1981.

Vázquez, Javier, i R. Velázquez, *Caracterización microestructural, morfológica y de composición química de materiales constitutivos de relieves en estuco, mortero y pintura mural de la zona arqueológica de Palenque, Chiapas*, informe de treball del projecte Palenque, ENCRM, INAH, 1994.

Vázquez del Mercado, X., i M. Villegas Yduñate, *Los estucos modelados del palacio de las inscripciones de Palenque. Una metodología de análisis para la técnica de manufactura*, tesi professional, México, 1993.

Vidal, Cristina (ed.), *Los mayas. Ciudades milenarias de Guatemala*, catàleg de l'exposició, Ministeri d'Educació i Cultura, Generalitat Valenciana, Ajuntament de Saragossa i Ibercaja, Saragossa, 1999.

133

"*Repetidas veces hemos insistido sobre la formación de un museo yucateco; hemos manifestado la importancia de su creación, lo útil que sería para la historia antigua de nuestro país, y hemos dicho que si ahora no se piensa, después ya será tarde. Nuestras ruinas, que cada día se encuentran en peor estado, no pasará mucho tiempo sin que desaparezcan enteramente. El único modo de poder conservarse algo de ellas, es el de que vayan guardándose en un museo establecido con ese objeto. De lo contrario llegará a borrarse la noticia de los edificios suntuosos que levantaron esos pueblos [...]*"

La conservació del patrimoni arqueològic a les terres baixes de l'àrea maia

Rubén Maldonado Cárdenas
Beatriz Repetto Tió
Centre INAH. Yucatán

Com han assenyalat diversos autors (Molina Montes 1975; Díaz-Berrio 1985), els nivells de consciència relacionats amb la salvaguarda del patrimoni cultural han oscil·lat (es podria dir que en forma d'electrocardiograma) al llarg de la història dels països civilitzats. Per l'existència de les diverses lleis de protecció emeses en diferents èpoques es pot comprovar l'interès i la preocupació per aquest tema; no obstant això és possible trobar moments d'incúria o d'intervencions desafortunades. Tanmateix, en altres llocs, com ara alguns països en vies de desenvolupament, s'hi pot parlar d'indiferència o d'autèntica desídia quant al tema o, pitjor encara, de situacions de vandalisme consentit.

L'evolució dels termes utilitzats en aquest camp és un aspecte que mostra de quina manera s'ha transformat el concepte i s'ha ampliat, fent-se més ecumènic. En algunes publicacions de la primera meitat del segle passat s'hi pot veure l'ús freqüent que es va fer del terme *obra d'art*, el mateix que fa referència específicament a aquells exemples de l'activitat humana que es diferencien dels altres productes perquè són mostres excepcionals de gran valor artístic (Brandi 1990). Més endavant es fa comú el concepte de *monument*, que es relaciona amb allò que duu a la memòria grans fets (Bonfil 1971), i posteriorment es torna general l'ús de les expressions *bé cultural*, terme que per a Díaz-Berrio (1985) es relaciona tant amb la ideologia com amb les estructures socials, econòmiques i legals dels grups humans, i *patrimoni cultural*, que no sols és més abraçador, ja que inclou tant els béns tangibles com els intangibles, grandiosos o modestos, sinó que comporta la idea d'una herència que procedeix del passat de la humanitat, de la qual tots participem i en som custodis.

Fa temps que els paràmetres estètics de la cultura occidental van deixar de ser l'únic valor acceptat com a vàlid per la majoria dels grups intel·lectuals, cosa que va permetre que anaren incorporant-se com a elements valuosos les manifestacions culturals de països llunyans, juntament amb les seues variades interpretacions del cosmos que ens envolta, radicalment diferents als clàssics patrons grecollatins del pensament filosòfic i estètic europeu.

Els problemes que planteja la conservació del patrimoni universal de la humanitat, a més de ser molt sovint d'una gran complexitat tècnica i de solucions prou costoses, també cal analitzar-los a partir de les característiques culturals i climatològiques de cadascuna de les regions del món en què es troba. Fins i tot quan hi ha lineaments generals per a abordar la varietat dels tipus de deterioracions que s'hi poden presentar, i malgrat que aquests poden assemblar-se i tipificar-se, no s'ha d'oblidar que cal enfocar cada cas sempre de manera particular, tenint en compte els trets propis de la cultura regional, el clima i la història per poder arribar a aplicar-hi les mesures més adequades.

El patrimoni cultural de l'àrea maia de les terres baixes, representat en la mostra fotogràfica sobre l'obra de l'il·lustre investigador austríac Teoberto Maler, es troba situat en una matriu climàtica reconeguda pels experts en conservació com a problemática (cat. 35). Tant la península de Yucatán com Centreamèrica participen d'un règim climàtic tropical plujós, amb temperatures altes que durant l'estiu sobrepassen els 40° C. L'abundant precipitació pluvial durant la temporada de pluges, productora d'una humitat ambiental d'un 70 o 80%, combinada amb la temperatura, afavoreix la proliferació d'una gran varietat d'insectes, fongs i vegetació exuberant (cat. 42). La resta de l'any hi pot aparèixer una temporada llarga de sequera i un descens relatiu de les temperatures.

D'altra banda, la pràctica agrícola ancestral generalitzada, basada en un sistema d'ús rotatiu de les terres, amb tala, artigatge i crema de la vegetació abans de la temporada de pluges, contribueix a elevar més la temperatura durant la temporada de sequera i va clivellant i calcinant les pedres exposades dels edificis arqueològics situats en gran part de la selva de l'àrea maia.

El problema més destacat en aquesta part del món el planteja el fet que tota la regió va estar densament poblada durant el seu passat prehispànic, i per això s'hi troben innumerables vestigis d'assentaments humans de totes les dimensions, amb notables restes d'arquitectura monumental, les mateixes que molt sovint hi apareixen en forma de grups d'edificis situats al voltant de places (cat. 14), que ocupen diversos quilòmetres d'extensió amb construccions que, a vegades, són de dimensions ciclòpies, com ara moltes estructures que es troben a les ciutats arqueològiques de Copán, Tikal, Palenque, Calakmul, Edzná, Uxmal, Chichén Itzá, Izamal, Dzibilchaltún (fig. 1 i 2), Cobá o Tulum, per esmentar alguns d'aquests assentaments monumentals.

Amb alts i baixos, el creixement demogràfic de Yucatán, a partir de l'època colonial, es va produir principalment sobre la meitat nord-occidental de la península, i és aquí on la destrucció dels llocs arqueològics va ser més intensa. La meitat sud-est va romandre poc poblada, una circumstància que va permetre la conservació d'un gran nombre d'antics assentaments, la majoria dels quals resta avui dia relativament protegida per la selva.

Durant els dos últims segles, els pobles que es trobaven a la perifèria o sobre els antics pobles prehispànics van anar desenvolupant-se fins a cobrir completament els vestigis arqueològics, provocant la destrucció de molts d'ells (fig. 3). Izamal és un dels exemples més destacats de ciutat colonial fundada entre basaments piramidals gegantins que es van poder conservar a causa, segurament, de l'immens volum de les seues construccions prehispàniques i de la baixa densitat demogràfica inicial; tot i això, molts d'ells van servir de pedrera cada vegada que calia aixecar edificis públics, religiosos o domèstics.

Fig. 1: El Temple de les Set Nines de Dzibilchaltún, Yucatán. (Foto F. Tec)

Fig. 2: Una capella d'època colonial al nucli de l'assentament de Dzibilchaltún, Yucatán. (Foto F. Tec)

Un altre factor que va contribuir a la desaparició d'una bona part del patrimoni arqueològic de Yucatán, abans que les lleis de protecció del patrimoni esdevingueren més dràstiques, va ser la pràctica de transportar amb bolquets les pedres de les ruïnes d'edificis i basaments per lliurar-les a les fàbriques de calç i ciment que hi havia a l'estat.

El desenvolupament de la xarxa de carreteres estatals també va contribuir en certa manera a la destrucció de llocs arqueològics, com també l'obertura de nous terrenys de conreu o d'obres d'irrigació i electrificació.

Les ciutats i els petits pobles arqueològics que actualment resten protegits per la selva pateixen un altre tipus de destrucció: la que es produeix pel creixement de la vegetació que es desplega per damunt dels edificis en filtrar les seues arrels entre les pedres dels murs i els sostres de les construccions, al principi fines i curtes i després llargues i frondoses; aquestes provoquen, amb la seua acció mecànica, que les pedres unides per l'argamassa se separen i, quan arriben les temporades de pluges i ciclons, es desprenguen per l'acció de la humitat o s'ensulsien, juntament amb els arbres, per la força dels vents (cat. 40). Rosegadors com ara els gòfers caven les seues galeries, les rates penades acidifiquen la pedra calcària en cobrir de detritus fecals l'interior de les cambres dels edificis, els insectes com les vespes barrinen els blanquejats i els estucs i els saquejadors furtius practiquen pous a la part central dels monticles o a les cambres dels edificis que encara es conserven drets, a la recerca de tresors arqueològics per vendre'ls al mercat negre de les ben cotizades obres d'art de l'antiguitat.

Durant la primera meitat del segle XIX, l'arribada a Yucatán de viatgers europeus i nord-americans com Waldeck, Charnay, Stephens o Le Plongeon, que buscaven ciutats perdudes d'antigues civilitzacions, i també la publicació de les seues impressions de viatge, va tenir l'efecte positiu de canviar gradualment la mentalitat de la gent de Yucatán, ja que a partir d'aquell moment es va iniciar la *mise en valeur* del patrimoni llegat pel poble maia, el mateix que actualment representa un dels atractius més importants de Mèxic.

Cap a la primera meitat del segle passat, una sèrie d'arqueòlegs de la vella escola, que es desplaçava des del centre de Mèxic cap a l'àrea maia, va deixar l'empremta del seu pas en diversos llocs i edificis intervinguts. No és la idea avaluar ací la seua actuació, sinó més aviat prendre alguns dels exemples més significatius per a l'arqueologia de

Yucatán. Aquest és el cas de Jorge Acosta, el qual va començar com a col·laborador d'Alfonso Caso a Monte Albán, Oaxaca, i a partir de 1940 va fer tretze temporades de camp a Tula, Hidalgo, i encara va tenir temps per treballar durant aquella etapa a Chichén Itzá i Uxmal (Matos 1976: 55).

Acosta va ser, en 1955, l'encarregat de la restauració de l'edifici nord del Quadrangle de les Monges per solucionar el problema de la imminent ensulsiada de les llindes de fusta originals, encara *in situ*. En construir-hi llindes ocultes de formigó armat i deixar al seu lloc les velles llindes de fusta, aconseguí donar solidesa a les obertures i als murs carregadors originals. Anteriorment (1951), s'havia adonat a Chichén Itzá que era molt difícil aconseguir la diferenciació entre les parts restaurades i les originals, ja que aquesta arquitectura, semblant a la de la zona muntanyenca (Puuc) d'Uxmal, participava d'un acabat amb pedres de recobriment molt ben tallades, entre les quals, en alguns casos, els maies antics van ficar-hi falques. Aquesta circumstància impedia marcar la diferència entre allò antic i allò nou afegit per mitjà d'aquestes, una pràctica que era ben usual en la restauració de l'arquitectura prehispànica de maçoneria del centre de Mèxic. Acosta va solucionar el problema invertint-ne el mètode, "entallant amb ciment les juntures de les pedres reposades" i deixant les falques per a les autèntiques (Acosta 1958: 10).

Alfonso Caso va assenyalar, en el pròleg del petit llibre d'Acosta que ressenyava els *Nuevos ensayos de restauración en Uxmal, Yuc.* (1958), que estava d'acord amb els tres criteris de restauració que el mateix Acosta assenyalava en la seua obra, a saber: fidelitat, solidesa i bellesa; però n'afegia un més, la diferenciació, emfasitzant que els nous agregats depenien del bon gust i la discreció de qui els feia.

Fig. 3: Imatge del mercat d'Acanceh, Yucatán. Acanceh és un dels llocs on es manifesta d'una manera més clara que la població actual es fon amb els vestigis d'època prehispànica. (Foto M. Vázquez)

Aquests conceptes, constituïts en guies, continuen sent vàlids per als arqueòlegs del present que s'han preocupat per entendre els aspectes teòrics de la restauració. Des del nostre punt de vista, el criteri de bellesa a què es refereix Caso s'ha d'entendre com la instància estètica a què es fa referència en l'època actual, ja que cadascun de nosaltres, com a humà, té una idea diferent de què és bell. La preocupació per trobar l'equilibri estètic permetrà que la intervenció de restauració realitzada en un edifici prehispànic no trenque l'harmonia del conjunt, ni xoque amb les parts autèntiques de l'edifici.

La diferenciació, d'altra banda, és el concepte més important dels assenyalats per Caso. L'arqueòleg que no té en compte això en el moment de fer la restitució dels elements arquitectònics de la seua exploració falsifica el monument i enganya els altres. Els problemes que va tenir Acosta en la restauració dels edificis d'Uxmal i de Chichén Itzá amb els seus edificis de pedra de recobriment, els solucionen els arqueòlegs actuals amb l'establiment d'una franja lliure, o "remetimiento", dels elements petris afegits (Maldonado 1981: 237) per distingir-los dels que es consoliden *in situ*. A més de la tècnica de pedra de recobriment que correspon a una etapa tardana, hi ha també la de la maçoneria a base de pedra afaiçonada toscament, que es cobria posteriorment amb una capa de blanquejat. En aquest cas, l'enllosat *-rajueleado-* amb filades de pedres primes obtingudes per asclatge és el procediment ideal per fer la diferenciació entre allò original i allò "nou" afegit, amb material pres de la pedra de l'ensulsiada del mateix edifici. Aquesta tècnica l'hem duta a la pràctica en la restauració dels edificis de la gran plaça de Dzibilchaltún.

Al lloc d'Aké, durant la restauració de l'Estructura 1, que tenia encara 35 pilastres dretes (cat. 4), tot i que bastant degradades ja que la majoria de les seccions dels fusts havien perdut la mescla original, hi vam reposar l'argamassa que:

> *"se acuñó con el mismo material cuando fue necesario, respetando la argamasa y acuñamiento original cuando lo hubo. Las cuñas visibles hacia el exterior, cuando fueron nuevas, se colocaron en sentido vertical para diferenciarlas de las originales, que se encontraron en sentido horizontal."* (Maldonado 1989: 38)

Fa cinquanta anys, a un alliberament massiu seguia una restauració igualment massiva. Els arqueòlegs d'aquella etapa han estat acusats d'haver abusat de la reconstrucció, amb el pretext de la restauració. A l'agost de 1974 es va dur a terme, a la ciutat de

Mèxic, la Primera Reunió Tècnica Consultiva sobre Conservació de Monuments i Zones Arqueològics. Allí, les noves generacions d'arqueòlegs van manifestar un desacord sobre això i plantejaren noves propostes per a la conservació i restauració en l'arqueologia mexicana (*Boletín INAH* 10: 51-54). Aquesta situació menà Jorge Acosta a afirmar que:

> *"en la actualidad existe la tendencia no de restaurar los monumentos, sino de efectuar sólo una simple consolidación para conservar la estructura exactamente como aparece -lo que resulta más fácil."* (Acosta 1975)

Ell mateix, seguint el que anomenà "les noves tendències de la restauració", i sense deixar de fer el que acostumava, va decidir experimentar al Grup Nord de Palenque i consolidà l'enderroc del sostre del Temple IV tal com el va trobar, a més de deixar assentat en la seua publicació que va realitzar la intervenció:

> *"basándonos en las llamadas nuevas ideas que están de moda en la arqueología mexicana, aunque en verdad ya existían desde principios de siglo."* (Acosta 1975: 60)

Només s'hi pot afegir que els extrems, en qualsevol situació que es presente, sempre són perillosos.

A aquesta època d'alliberaments i reconstruccions massives del passat, n'ha seguit una que exigeix un major control durant l'alliberament dels edificis i dels objectes culturals que els envoltaven, realitzat generalment d'acord amb quadrícules (Maldonado 1981: 233) que, d'altra banda, tampoc no permeten un desbocament del procés. És precisament en els edificis maies, fabricats amb la tècnica de pedres de recobriments de Chichén Itzá i del Puuc, on s'ha aconseguit assolir els millors resultats, per la presència de murs complets abatuts que en permeten la restitució per anastilosi, com també una recomposició més completa i aproximada a la realitat basada en l'aixecament minuciós de tots els elements originals desplomats prop del mateix edifici. Aquest va ser el cas del Joc de Pilota d'Uxmal, del qual es va intervenir el camp en 1941 (Morley 1941), en 1948 i en 1956 (Ruz 1958), i es va deixar anar durant molts anys, ja que mai no arribà a ser consolidat. La seua aparença durant els cinquanta era la de dos monticles de runa dels quals cap arqueòleg se'n volia fer responsable pel grau de deterioració. Tot i això, entre 1977 i 1978 vam iniciar els treballs que havien d'aconseguir-ne l'alliberament total i la restauració (Maldonado 1981).

En l'arquitectura prehispànica maia, en què hi ha un predomini dels blocs sobre les obertures, sembla que els problemes de restauració són menys complicats que no els que es presenten en edificis que mostren la característica contrària, és a dir, un predomini de les obertures sobre els blocs, com seria el cas de l'arquitectura egípcia o de la grega. Per això, potser, els llocs prehispànics de Mesoamèrica han estat prolíficament restaurats, sobretot en parts com les plataformes i els volums troncopiramidals. A les parts on hi ha un major predomini d'obertures (portes, finestres, finestrelles) o voltes de maçoneria és precisament per on els edificis es desplomen, per la pèrdua de les llindes originals de fusta o de pedra, perquè l'argamassa original de fang o mescla ha deixat de treballar i per l'acció de tots els elements naturals i humans abans descrits a l'últim es desplomen quan, miraculosament, s'havien conservat drets durant segles (cat. 43). Aquest ha estat el cas de molts edificis de la regió del Puuc, amb característiques de palaus, i aquest va ser el cas del castell de Chacbolay, Yucatán, on calgué posar tres llindes ocultes de formigó armat per mantenir la verticalitat de l'edifici conservant les llindes originals de pedra (Maldonado i Velázquez 1991).

A Dzibilchaltún, quan es va alliberar i es restaurà l'edifici de les "Set Nines", només va caldre posar llindes de formigó armat sobre els quatre accessos laterals (Andrews IV i Andrews V 1980), ja que les llindes originals de pedra de les finestres estaven en un aparent bon estat de conservació (fig. 4). Quaranta anys després d'aquella intervenció, a causa de la sobrecàrrega del fris de l'edifici se'n van badar tres i la quarta estava a punt de trencar-se. Llavors, com a mesura preventiva, aprofitant la gruixària dels murs laterals de l'edifici, amb l'apuntalament i el marcatge previs de les pedres, se'n van desmuntar aquestes començant per la meitat del mur interior, des de la base de cadascuna

Fig. 4: Detall del Temple de les Set Nines de Dzibilchaltún, Yucatán. (Foto F. Tec)

Fig. 5: Vista del nucli de l'assentament de Mayapán, Yucatán. (Foto F. Tec)

de les finestres i els murs laterals. Després, s'hi van reintegrar les pedres originals amb una nova argamassa a base de pols, calç i un mínim de ciment. La mateixa operació es va repetir després a la contrapart del mur exterior, i es va obtenir pràcticament l'equivalent d'un pilar nou a cada costat de les obertures. Tot seguit, les llindes de pedra ja restaurades es van reintegrar sobre "nous" suports i es procedí després a la col·locació d'una carcassa de vareta que, recolzada sobre el suport renovat i encofrada en cinc dels sis costats, va rebre el buidatge de formigó armat pel costat obert per obtenir la llinda oculta que realment carrega el pes de la zona superior.

L'augment de la tendència que, a molts països en vies de desenvolupament, ha fet que l'arqueologia depenga cada vegada més de la indústria turística, com també les necessitats de manteniment dels llocs arqueològics, ha propiciat a Mèxic una certa desviació del treball arqueològic eminentment científic, en el cas dels arqueòlegs que treballen per a la Federació, però la realitat és que res no els obliga a fer exclusivament intervencions de restauració. Quasi sempre s'ha solucionat aquesta situació executant projectes d'investigació coordinats amb les intervencions d'alliberament, consolidació i restauració dels edificis arqueològics, i ací és on entra en joc l'habilitat de l'arqueòleg per aplicar els dos aspectes alhora.

A Yucatán, això ha permès que els llocs arqueològics de l'estat s'hagen conservat (fig. 5), s'hi puga continuar investigant i es mire el futur amb esperança. D'altra banda, les zones arqueològiques a Mèxic compleixen un paper didàctic molt important, ja que mostren als ciutadans, igual que als visitants, la grandesa del seu passat prehispànic, i això fa que el poble de Mèxic se'n senta orgullós. A més a més, noves i nombroses vocacions relacionades amb la salvaguarda del patrimoni cultural s'han motivat i han sorgit gràcies a l'existència dels llocs arqueològics recuperats.

Bibliografia

Acosta, Jorge R., *Nuevos ensayos de restauración en Uxmal, Yuc.*, Dirección de Monumentos Pre-hispánicos. INAH. México, 1958.

Acosta, Jorge R., "Exploraciones en Palenque. Temporada 1973-197", *Anales del INAH*, època 7a, tom V: 43-62, México, 1975.

Brandi, Cesare, *Principios de teoría de la restauración*. Colección Textos Básicos y Manuales. INAH. México, 1990.

Bonfil, Ramón, "Apuntes sobre restauración de monumento", *Serie Cultura Mexicana*. SEP. México, 1971

Comisión Redactora, "La conservación de monumentos arqueológicos", *Boletín INAH*, època II, núm. 10: 54, INAH, México, 1974.

Díaz Berrio F., Salvador, *Conservación de monumentos y zonas*. Col. Fuentes. INAH. México, 1985.

Maldonado, Rubén, "Intervención de restauración en el juego de pelota Uxmal, Yuc.", *Memoria del Congreso Interno 1979*. Centro Regional del Sureste. INAH. México, ps. 233-243, 1981.

Maldonado, Rubén, "Restauración del edificio de las Pilastras de Aké, Yucatán", *Revista Española de Antropología Americana*, núm. XIX: 27:48, Facultad de Geografía e Historia, Universidad Complutense de Madrid, 1989.

Maldonado, Rubén, i Ricardo Velázquez, "Informe de trabajo de campo en el sitio de Chacbolay, Yucatán". Mecanoscrit. Centro INAH Yucatán. México, 1991.

Maldonado, Rubén, "Proyecto Arqueológico Dzibilchaltún. Informe técnico. Temporada 1999-2000". Mecanoscrit. Consejo Nacional de Arqueología. México, 2000.

Matos Moctezuma, Eduardo, "Jorge R. Acosta, apuntes bibliográficos", *Boletín INAH*, època II, núm. 16: 53-58, INAH, México, 1976

Molina Montes, Augusto, *La restauración arquitectónica de edificios arqueológicos*. Colección Científica 21. INAH-SEP. México, D. F., 1975

Morley, Sylvanus G., "Annual Report, Carnegie Institution of Washington", *Year Book* 40: 295-297, Washington, D.C., 1941.

Ruz L., Alberto, "El juego de pelota de Uxmal", *Miscellanea P. Rivet, Octogenario Dicata*, vol. I: 635-667, UNAM, México, 1958.

Luis Fernando Acevedo Canché

"Contava l'avi que va ser un guerrer...
Al Mayab l'alba és sonora, però per a un
guerrer és incerta, una mescla de refilets i
cants d'ocells diversos que emergeixen del si
de la selva, color verd que alberga la
prodigiosa terra dels pocs, dels elegits. Quan
els ocells canten i les plomes volen em ve a
la ment el record de la guerra, del combat
que es lliura cos a cos on es vessa ferocitat,
sang i fineix la vida amb el ritual de la
guerra i el vol d'obsidianes [...]"

Wayak': empremtes del passat

Daniel E. Ayala Garza

Wayak' és un grup de música ètnica prehispànica, de tipus experimental, integrat per estudiants de ciències antropològiques que resideixen actualment a la ciutat de Mérida (Yucatán, Mèxic). Els seus membres són Ricardo Castillo, Juan Carrillo i Daniel Ayala.

La música creada per a aquesta exposició s'ha interpretat amb instruments musicals prehispànics que no sols reprodueixen sons naturals, sinó que també estan impregnats de forts valors sagrats dins la cosmovisió maia, on tenen un paper important les veus de la mar, l'aigua, les aus, el vent i els arbres. El resultat és una composició musical plena de significats que pretén recrear els ambients, les sensacions, els missatges i els sons del passat cultural al qual evoquen.

Dels instruments musicals utilitzats, en destaquen xiulets, ocarines, baixons, *tunkuls*, tambors, rascadors, bastons de pluja, corns marins, flautes de canyís i el cos humà.

D'aquesta manera, la síntesi entre sons que procedeixen de la naturalesa de Yucatán, com ara el cant d'algunes de les seues aus, o el de la tempesta agitant la tranquil·litat de les ruïnes enmig de la selva, i aquells que emanen d'instruments utilitzats pels antics, com ara caragols de mar, l'ús musical dels quals s'ha constatat en el registre arqueològic i iconogràfic, especialment en la pintura mural i en la desenvolupada en la ceràmica prehispànica, busca que l'espectador faça un viatge cap al passat de la

Fig. 1: Els tres components del grup de música Wayak': empremtes del passat. (Foto M. Vázquez)

Fig. 2: Instruments musicals utilitzats a la gravació de la música de l'exposició. (Foto M. Váquez)

civilització maia ajudat no sols per les fotografies testimonials que Teoberto Maler va registrar , sinó també per les melodies que l'explorador austríac pogué escoltar durant els dies en què va visitar les antigues ciutats.

Agraïments:

Wayak' vol agrair a la Universitat de València i, especialment, a Marisa Vázquez, l'oportunitat i el suport que han donat a totes les persones que sempre ens impulsen, i sobretot als nostres avantpassats, ja que van ser ells els qui hi van deixar aquestes empremtes que ara recorrem...

149

Catàleg

Les coves de Loltún a Yucatán tenen la importància de ser el lloc de la península en què es registren la presència i l'activitat humanes més primerenques de la regió.

Com és comú a aquests espais en altres parts del món per a una mateixa cronologia, la caverna de Loltún comparteix amb aquells la presència de mans impreses sobre determinades fraccions de les seues superfícies murals, manifestacions que, juntament amb el naixement del desig per l'expressió estètica, sorgeixen per primera vegada en el paleolític superior, durant el període anomenat *aurinyacià* (*ca*. 30.000 aC).

A Loltún, les mans estan fixades en positiu sobre la paret de roca natural, i amb aquesta finalitat el palmell de la mà es va banyar en un compost constituït per pigment en pólvores obtingut a partir d'òxids de ferro, segons la tonalitat rogenca que encara ens mostren, i algun aglutinant orgànic com ara greixos, orina, ou o llet.

1

En la cosmovisió maia, l'univers s'estructura verticalment en tres nivells: el cel, subdividit al seu torn en tretze regions, la terra i l'inframón, articulat en nou espais.

La caverna, en obrir-se com un llindar cap a l'interior de la terra, es va considerar així mateix com una porta d'ingrés a l'inframón, lloc sagrat que els maies denominaven *Xibalbá*.

La naturalesa calcària del sòl de Yucatán converteix aquest àmbit en una extensió porosa que filtra l'aigua de la superfície cap a l'interior de la terra, cosa que converteix l'inframón maia en un espai aquàtic que podem degustar en les seues cavernes i que, a vegades, se'ns permet veure des de l'exterior quan es produeixen els enfonsaments en la llenca calcària, que originen els coneguts dipòsits subterranis d'aigua anomenats *cenotes*.

La condició aquàtica d'aquest espai va fer concebre als maies l'inframón segons una dualitat: era el món associat a la mort però, alhora, a la vida. De la mateixa manera que l'espai primigeni o l'úter matern, es tractava d'una regió en què l'existència d'aigua garantia la continuïtat de l'existència entesa com una regeneració permanent i cíclica.

2

Teoberto Maler, 1886-1892
Loltún, Yucatán, Mèxic
Detall de l interior de les grutes

Aké és una de les ciutats maies del nord-oest de la península de Yucatán caracteritzada perquè s'hi ha registrat l'ús d'arquitectura megalítica, la qual va ser molt comuna en aquesta regió entre el preclàssic tardà, 300 aC - 300 dC, i el clàssic primerenc, 300-600 dC. Izamal, Ikil, Kizil, Oxkintok o Siho són altres dels exemples localitzats en el mateix àmbit geogràfic i marc cronològic.

De la mateixa manera que va ocórrer amb altres civilitzacions de l'antiguitat, com ara Mesopotàmia o Egipte, l'arquitectura megalítica esdevingué a les ciutats maies signe de la seua hegemonia.

Així, era molt freqüent l'alçament d'aquestes estructures en assentaments pròxims amb un poder semblant en els mateixos períodes històrics, i això les convertia en un símbol públic de la rivalitat entre ells i entre les respectives corts reials, un enfrontament que ha quedat concretat per mitjà d'aquesta metàfora en exemples com els de Sihó i Oxkintok.

3

Teoberto Maler, 1886-1892
Aké, Yucatán, Mèxic
Una de les estructures principals del lloc

A més del fet de tenir manifestacions d'arquitectura megalítica, el lloc d'Aké és també representatiu perquè és una de les ciutats prehispàniques de Yucatán que connecta amb un altre assentament a través d'una calçada externa de llarg recorregut. Amb 32 quilòmetres, la calçada que enllaça Izamal amb Aké n'és la segona més extensa del nord de la península de Yucatán després de la que uneix Cobá i Yaxuná, de 100 quilòmetres de llargària.

Les calçades d'Izamal-Kantunil, de 13 quilòmetres, Uxmal-Kabah i Ucí-Cansahcab, amdues de 18 quilòmetres, són altres exemples registrats en el mateix àmbit regional.

La construcció d'aquestes artèries, siguen internes a les ciutats, en un intent de connectar les seues diverses àrees en relació amb els grups socials que les ocupaven, o externes, a fi de crear xarxes de comunicació i control entre urbs de jerarquía diferent, constitueixen l'expressió d'una cultura que ha assolit la major complexitat en les seues estructures socials, polítiques, econòmiques i culturals, un fet que es reflecteix en la mateixa planificació de l'assentament en termes d'urbanisme.

4

Teoberto Maler, 1886-1892
Aké, Yucatán, Mèxic
El Temple dels Pilars

En els primers moments, l'arquitectura clàssica del Puuc va introduir la columneta com a element determinant de la decoració dels edificis, i així es generà un dels tres subestils més importants a la regió: el conegut com *Junquillo*.

Aquest subestil es va caracteritzar als inicis per utilitzar per a l'ornamentació dels frisos, i d'alguns dels membres de les motlures, motius de feixos de jonc i tamborets que no presenten cap decoració addicional, i que apareixen aïllats respecte de qualsevol altre motiu estètic.

A partir de l'aparició de la columneta com a vocabulari ornamental de l'arquitectura Puuc en l'etapa clàssica, no va deixar de formar-ne part i trobà sempre una manera de combinar-se harmònicament amb les noves adquisicions que els edificis anaven assimilant per renovar i, fins i tot, reinterpretar un mateix llenguatge constructiu, cosa que se'ns mostra en les modificacions que sobre un mateix element van incorporant-s'hi a través del temps, com ara les futures lligades en els fusts de les columnetes.

5

Teoberto Maler, 1886-1892
Kiwic, Yucatán, Mèxic
Un dels edificis del lloc

Dins de cadascun dels subestils ornamentals que van caracteritzar l'arquitectura Puuc entre mitjan segle VIII i final del segle X, això és, entre la darreria del clàssic tardà i al llarg del clàssic terminal, n'hi havia variants que van anar apareixent amb el pas del temps com a fruit de la mateixa experimentació i la recerca per part dels artistes.

D'aquesta manera, la columneta del subestil Junquillo anà evolucionant des d'una sobrietat i depuració formal aliena a qualsevol intromissió decorativa en l'estructura fins a un enriquiment de l'aparença mitjançant la incorporació en els fusts de motius de lligada que conferien una nova elegància a un mateix lèxic estilístic.

L'elegància i la proporció rítmica que, durant aquests moments, assoleix l'arquitectura del nord de Yucatán es pot apreciar també a través d'una organització reglada de cadascun dels llenços exteriors, com també dels elements constructius constituents.

El resultat són obres completament llegibles en cadascuna de les seues àrees integrants, en què l'harmonia ente les diferents parts del tot i el conjunt, i el seu dinamisme, les fan entrar en un diàleg equilibrat amb el medi natural que les envolta, el mateix que exigí un fort control per part dels maies a fi que les seues ciutats no acabaren sepultades entre l'aclaparadora vegetació.

6

Teoberto Maler, 1886-1892
X'tantah, Campeche, Mèxic
Un edifici del lloc

El subestil Mosaic d'alguns dels edificis del nord de Yucatán que s'emmarquen en l'estil Puuc clàssic que es va desenvolupar a la península durant el clàssic terminal, 800-950/1000 dC, podia incloure en el repertori ornamental que alternava amb les tradicionals columnetes del moment el motiu de la cabanya maia, la qual apareixia combinada amb aquelles especialment a la zona del fris de les arquitectures.

Lluny de ser únicament una manifestació estètica, la seua presència en l'arquitectura monumental esdevé una crida sobre la influència que l'habitatge maia va exercir sobre aquella pel que fa a alguns dels elements del lèxic estructural; és el cas de la "falsa volta" en relació amb la coberta de guano que tapa l'espai de l'habitatge maia tradicional.

En la seua representació arquitectònica, el cos de la cabanya apareixia enfondit, de tal manera que es creava així un espai susceptible de ser decorat amb figures esculpides, tal com encara es va poder documentar en exemples com els de l'arc de Labná.

7

Teoberto Maler, 1886-1892
Chacmultín, Yucatán, Mèxic
El Palau dels Nínxols

Pertanyent al període clàssic terminal, entre el 800-950/1000 dC, el palau de la ciutat prehispànica de Sayil és un exemple del desenvolupament que assoleix l'arquitectura maia en aquells moments.

L'estructura s'articula en tres nivells escalonats; els dos primers són terrasses foradades amb múltiples cambres que en recorren els quatre costats, i l'últim, un edifici amb una fila d'habitacions, la qual cosa dóna lloc a una construcció escalonada que reprodueix el propi concepte de *witz*, muntanya sagrada.

Les façanes de les tres altures de la construcció es caracteritzen per una claredat compositiva aconseguida per mitjà de l'ús de tres motlures que les seccionen en dos llenços principals. Totes les motlures integren tres parts, de les quals la intermèdia es decora amb feixos de columnetes amb lligades que, com a element de l'estètica formal, es combina a la part del fris amb mascarons frontals de nas sobresortint, un tret que, amb els atributs de closca que s'hi associen, l'identifiquen amb Chac, el déu de la pluja dels maies. Les columnes que seccionen les obertures reforcen la datació tardana del Palau.

8

Teoberto Maler, 1886-1892
Sayil, Yucatán, Mèxic
El Palau del lloc

L'element de la greca va ser un dels més importants dins el subestil Mosaic, el qual podia aparèixer en combinació únicament amb las columnetes i els tambors del subestil Junquillo, o en relació amb altres dels motius ornamentals del període i del corrent estètic a què ens referim, com ara mascarons, zig-zags o cabanyes.

El Palau de Labná és un exemple d'un subestil Mosaic en què el filet, la greca i el mascaró configuren un programa ornamental en què cada element del seu vocabulari va ocupant el lloc tradicional que la pròpia trajectòria de l'arquitectura clàssica del Puuc els ha anat donant.

Per a alguns autors, entre ells George. F. Andrews, les greques en els frisos de l'arquitectura maia clàssica del Puuc són representacions esquemàtiques de mascarons que, en construccions perfectament estructurades a través de l'element de la motlura, troben el lloc d'expressió en l'área dels frisos.

D'aquesta manera, la manifestació de la sacralitat a partir d'imatges que han perdut la seua identitat antropomorfa, animal o híbrida en favor d'una nova concepció geomètrica seria una constant en els edificis de l'elit maia de la regió, en una referència simbòlica clara sobre la naturalesa dels ocupants d'aquests espais.

Teoberto Maler, 1886-1892
Labná, Yucatán, Mèxic
L'Estructura I o Palau del lloc

L'edifici del Codz Pop a Kabah mostra una variant quant a l'estètica que va dominar la construcció de l'àrea Puuc, al nord de la península de Yucatán, entre final del clàssic tardà i al llarg del període clàssic terminal, 700-950/1000 dC, caracteritzada perquè es troba definida estèticament per tres subestils arquitectònics coneguts com *Junquillo, Mosaic* i *Uxmal.*

Lluny de l'ús de feixos de columnetes aïllades o en combinació amb altres motius com ara gelosies o greques, la façana d'aquesta estructura va trobar en la representació redundant del déu maia de la pluja, Chac, l'únic lèxic decoratiu i simbòlic.

La presència constant de la deïtat en l'arquitectura de la regió ens posa en relleu la completa necessitat del seu culte en època prehispànica, el mateix que s'hi manté viu actualment per mitjà de cerimònies en què els qui van a treballar el camp realitzen ofrenes al déu per demanar les pluges que alimentaran la terra i garantiran la collita. És el cas de la coneguda amb el nom de *Chac Chac.*

Teoberto Maler, 1886-1892
Kabah, Yucatán, Mèxic
L'edifici del Codz Pop

És en les parts integrants de cadascuna de les motlures, que articulen rítmicament i ordenadament la façana de les diverses cambres del palau de Xkichmook, on apareixen petits tamborets i feixos de columnetes agrupades de tres en tres segons una disposició i un sentit compositiu que es mostra hereu de la presència d'aquests motius en els subestils Junquillo i Mosaic de l'arquitectura Puuc clàssica.

La presència de columnes estilitzades també és palesa en el llenç principal de la façana, amb la distinció que aquestes es troben lleugerament encloses en el mur.

La faceta més pròxima al Chenes en les façanes del Palau de Xkichmook es relaciona amb l'ús de portades zoomorfes parcials que marquen l'accés a l'interior d'algunes de les habitacions de l'Estructura I.

Alguns elements, com ara l'escaquer tallat en les celles de l'ésser zoomorf representat, ens parlen de tradicions estètiques importades des de l'àrea de Río Bec, a Campeche.

11

Teoberto Maler, 1886-1892
Xkichmook, Yucatán, Mèxic
El Palau o Estructura I del lloc

La ciutat de Xkichmook pertany a l'àrea de transició entre Yucatán i Campeche, i això converteix el lloc en una síntesi de tradicions que provenen de les dues regions, un fet que s'expressa en l'arquitectura del lloc i en la corresponent a la d'altres assentaments de la mateixa zona com ara els casos d'Ichpich o Yakal Chuc.

Tant el gran desenvolupament de la tecnologia constructiva com el tipus del llenguatge ornamental situen la cronologia dels edificis principals del lloc entre la fi del clàssic tardà i al llarg del clàssic terminal, 750-950/1000 dC, moment en què inclouen en la seua fisonomia els trets més indicatius dels estils Puuc i Chenes, completament afirmats en aquells moments a les regions de Yucatán i Campeche, respectivament.

L'experimentació constructiva que exterioritza l'arquitectura de Xkicmook dóna lloc a façanes perfectament llegibles per mitjà de l'ús de motlures estructurades, al seu torn, en diferents parts.

Teoberto Maler, 1886-1892
Xkichmook, Yucatán, Mèxic
L'Estructura 12 del lloc

Una de les característiques més destacades de l'arquitectura de Xkichmook són les múltiples tapes de volta que es van decorar amb imatges i text, algunes de les quals ja va documentar E. H. Thompson a final del segle XIX.

De la mateixa manera que sol ocórrer amb les claus de les voltes de creueria de l'arquitectura gòtica, les tapes de volta dels edificis maies podien pintar-se amb imatges de déus acompanyats per algun tipus d'inscripció.

Tot i que fins a una data recent es considerava que el déu representat era sempre el mateix, K'awil, patró de la reialesa, avui dia això es qüestiona davant la possibilitat que altres déus del panteó maia, com ara Chac, puguen ser els qui ocupen l'espai del centre de la volta, un fet que en termes simbòlics significaria el mateix cel, lloc sagrat on habiten i en què despleguen activitats de culte com ara les d'ofrena tan representades en aquests nivells superiors.

13

Teoberto Maler, 1886-1892
Xkichmook, Yucatán, Mèxic
L'Estructura 4 del lloc

L'urbanisme a les ciutats prehispàniques de l'àrea cultural de Mesoamèrica es va caracteritzar per un traçat segons tres models: el sectorial, el prototip del qual el trobem a Teotihuacán, al centre de Mèxic; el de múltiples nuclis, en què l'àrea central de l'assentament canvia a través del temps, que es registra a llocs maies com ara Copán, a Hondures; i el concèntric, que s'ajusta a la major part de ciutats maies.

Segons aquest últim esquema, el cor de l'assentament és sempre el mateix a pesar dels canvis polítics i del pas del temps. Al voltant d'aquest eix neuràlgic, la ciutat creix en anells concèntrics cap a la perifèria, i a mesura que ens allunyem del centre s'hi registra una menor qualitat i concentració arquitectònica.

D'aquesta manera, del centre a la perifèria, l'arquitectura esdevé una metàfora de la distribució dels grups socials a l'urbs d'acord amb la seua jerarquia.

Les imatges de Teoberto Maler fan sempre referència a l'arquitectura construïda al cor de la ciutat maia, és a dir, la que va habitar una única classe social: la de l'elit.

14

Teoberto Maler, 1886-1892
Hochob, Campeche, Mèxic
Vista panoràmica del nucli de l'assentament

Per al coneixement sobre el tipus d'activitats que l'elit maia va desplegar a l'interior de les construccions palatines, hi ha tingut una gran importància l'estudi iconogràfic i escrit de la ceràmica de cort.

Les escenes en ceràmica ens informen d'estances en què el governant apareix entronitzat en banquetes des de les quals rep nobles d'altres "regnes", i tracta assumptes de govern amb els seus dignataris reials. Aquests trons de pedra sobreviuen actualment, igual que, en algunes ocasions, les petites anelles de pedra tallades al mur i que al seu moment sostenien cortines que vestien aquestes cambres.

Dissortadament, molts dels elements dels quals també ens informa la ceràmica com pertanyents a aquests interiors han desaparegut; és el cas de l'estora amb què es cobrien les banquetes reials a què ens hem referit, la qual constituïa per ella mateixa un símbol reial entre els maies.

Un dels temes que centra la investigació actual de l'arquitectura maia d'elit és el que té a veure amb l'ús a què es van destinar les diferents estances en què s'estructuren els seus interiors, com també als diferents grups socials que hi van interactuar segons les activitats que desplegaven.

En aquest sentit, l'aplicació d'un tipus d'excavació extensiva, a la recerca d'àrees d'activitat concentrades en determinats espais urbans i arquitectònics per a una mateixa cronologia, ha permès verificar que determinats sectors socials relacionats amb la producció de manifestacions artístiques expressives del poder de la classe dirigent convivien en espais pròxims a la reialesa, cosa que indica una alta consideració social dels grups.

15

Teoberto Maler, 1886-1892
Hochob, Campeche, Mèxic
L'Edifici II de la ciutat

El rostre de la deïtat representada en les façanes zoomorfes s'ha configurat a partir de múltiples símbols que són manifestacions de la seua naturalesa sagrada i de l'ambigüitat de la seua naturalesa, la mateixa que la relaciona amb altres deïtats del panteó maia.

D'aquesta manera, tant els ulls en vírgula com la dent en forma de T que centra la gola oberta del zoomorf, conegut com a símbol Ik, són trets iconogràfics associats al déu solar dels maies, Kinich, Ahau, i amb això a la vida.

Així, des del mateix accés a l'interior de *witz*, de la muntanya sagrada, és a dir, a l'interior de la terra o a allò sagrat, se'ns anuncia l'essència vital que impregna aquest espai.

D'altra banda, la idea del governant emergint des del sagrat no sols va trobar una manifestació plàstica en l'escultura arquitectònica. Els capells que coronen els monarques maies, tal com ens els ha llegat l'art a través de la seua imatge en esteles, llindes, plafons, pintures murals i ceràmica, representen rostres de déus la gola oberta dels quals encaixen en el cap del dirigent.

Tot això ens porta a poder dir que l'art maia, en conjunt, es va convertir en part de la cerimònia d'una classe dirigent que volia assegurar-se que el seu poble era conscient de l'origen diví d'on provenia, el mateix que legitimava el seu poder des de la sacralitat, la qual esdevenia completament inqüestionable.

16

Teoberto Maler, 1886-1892
Hochob, Campeche, Mèxic
Detall de la façana central de l'Edifici II de la ciutat

Partint del fet que els edificis reials eren l'espai reservat per als dirigents, i que aquests eren considerats descendents dels déus, és fàcil entendre que el nucli de l'assentament maia esdevé una escenografia en què l'espai i l'arquitectura, per associacions mítiques a les que reprodueixen, encabeixen allò sagrat, és a dir, el rei.

En aquest sentit, l'ingrés del monarca a l'interior del seu habitatge per mitjà del zoomorf representava l'accés cap a l'interior de la terra, el mateix que prenia en moments especials, associats a certes cerimònies socials que servien per remarcar el concepte de teofania en el rei, la dimensió d'un ritu en què el poble visurava la imatge del seu governant com un cordó umbilical que enllaçava el profà i el sagrat.

Aquest és el motiu pel qual el rei era considerat en el pensament maia com una figura equivalent a manifestacions naturals i animals com ara el capoquer, l'arbre sagrat dels maies, i la serp, considerats com un eix que connecta el món dels déus amb el dels homes en transitar cadascun dels tres estrats en què s'articula el cosmos segons la creença maia.

D'aquesta manera, les grans arrels del capoquer s'endinsaven en l'inframón al mateix temps que el tronc era el nexe entre allò terrenal, l'espai que recorria, i l'altre àmbit sagrat, el cel, assolit per la capçada de l'arbre.

Igualment, la capacitat de la serp per emergir de l'interior del subsòl, reptar per la superfície de la terra i pujar pels arbres cap a allò diví, la convertien en un eix d'unió entre les dues esferes del món.

17

Teoberto Maler, 1886-1892
Hochob, Campeche, Mèxic
Detall d'una façana lateral de l'Edifici II de la ciutat

La regió de Campeche es conforma amb dues àrees principals, les de Chenes i Río Bec, en les quals, a partir del clàssic tardà, 600-800 dC, és freqüent l'ús de portades zoomorfes que determinen l'ingrés a les cambres interiors de palaus i temples.

L'Estructura I del Tabasqueño constitueix un dels exemples en què tota la façana del temple superior de la piràmide és la representació del zoomorf, la gola oberta del qual constitueix la porta d'accés al recinte sagrat.

En una cultura en què l'arquitectura principal, i la seua situació dins l'assentament, pretenia ser la metàfora sobre pedra d'aquells llocs previstos en la seua cosmogonia i cosmologia, aquestes representacions eren la recreació més explícita del monstre *witz*, identificat com la muntanya sagrada.

A l'interior d'algunes de les cambres d'aquestes estructures era on la reialesa desplegava el ritual que l'associava a la divinitat d'una manera més pronunciada: l'autosacrifici.

En el pensament maia, la funció principal del rei com a mitjancer entre el món dels homes i el del sagrat era assegurar l'equilibri del cosmos, el mateix que garantia la continuïtat de l'existència. Amb aquesta finalitat, calia mantenir satisfets els déus.

El mite sobre la creació de l'home, narrat en el *Popol Vuh* dels maies quitxès de Guatemala, els havia ensenyat que la segona creació va ser castigada i eliminada pels déus a través d'una inundació, a causa de l'enuig d'aquests en no rebre ofrenes i alimentació dels homes de fusta que havien creat.

Van decidir llavors crear un nou home amb enteniment perquè poguera veure la necessitat de retre ofrenes als pares creadors; aquest nou ésser humà es va concebre amb dacsa i sang dels déus, i d'ell deriva l'home actual.

En aquest sentit, el rei, a través de l'autosacrifici, oferia als déus el mateix ritual i aliment amb què ells van originar la humanitat, la sang, per tal d'evitar una nova catàstrofe davant el descontent de no rebre ofrenes i, conseqüentment, garantir l'harmonia i la perpetuació de la creació.

Al mateix temps, el poble, a través de la dacsa, entre altres aliments i substàncies amb connotacions importants en la seua ideologia, contribuïa al ritual.

18

Teoberto Maler, 1886-1892
El Tabasqueño, Campeche, Mèxic
L'Estructura I del lloc

Segons la descripció que Teoberto Maler va fer de Nocuchich en 1895, la primera notícia que tingué de l'anomenada *Estructura I* del lloc la va obtenir en 1887 dels indígenes de la localitat propera d'Hopelchén. No va ser fins a 1889 que l'explorador austríac va visitar la zona arqueològica i hi documentà fotogràficament el monument, del descobriment del qual va escriure el següent:

"Després d'un curt camí entre l'espessor vam arribar a una àrea de vegetació oberta, i davant de nosaltres s'alçava una figura gegant que ens mirava fixament amb uns grans ulls esqueixats que expressaven una calma superior, i davant d'aquesta hi havia un monument; era com una torre prima semblant a un pilar [...]."

L'Estructura I de Nocuchich constitueix un exemple perfecte sobre la importància del registre desplegat durant el darrer quart del segle XIX per Teoberto Maler, ja que el rostre modelat d'estuc que hi contemplem a través de les imatges captades per Maler amb la seua càmera ha desaparegut completament avui dia, víctima de l'entorn natural i climàtic que l'envoltava.

188

19

Teoberto Maler, 1886-1892
Nocuchich, Campeche, Mèxic
L'Estructura I del lloc

Juntament amb l'Estructura I del mateix assentament, l'equivalent del lloc de Chanchén i la II del Tabasqueño, l'Estructura II de Nocuchich constitueix un dels quatre únics casos existents a l'àrea maia referents a una tipologia arquitectònica consistent en monuments aïllats la fisonomia dels quals s'assembla a la de les torres, tots ells concentrats, d'altra banda, a l'àrea de Chenes, a Campeche.

El primer registre d'aquestes construccions el va desplegar Teoberto Maler a final de la dècada dels 80 del segle XIX. Va descriure i fotografià els dos exemples de Nocuchich i el corresponent al lloc de Chanchén. Les seues dades sobre aquestes estructures úniques en l'arquitectura maia no es complementaran amb noves aportacions fins a 1970, per H. E. D. Pollock, el qual havia visitat les dues ciutats en 1936.

Finalment, en 1999, George F. Andrews va incloure l'Estructura II del Tabasqueño dins de la mateixa categoria de monuments torre localitzats a Nocuchich i Chanchén, i va completar-ne la llista amb la menció d'una construcció semblant, tret del seu sentit circular, en un petit lloc de l'àrea de Río Bec, Campeche, conegut amb el nom de *Puerto Rico*.

20

Teoberto Maler, 1886-1892
Nocuchich, Campeche, Mèxic
L'Estructura II del lloc

Llevat de l'Estructura I de Nocuchich, els altres tres monuments torre es caracteritzen per articular-se en seccions mitjançant l'ús de motlures horitzontals que marcaven l'ascens escalonat cap a nivells superiors coronats amb una cresteria.

A partir del segon cos en avant, era comú l'ús d'espigues, un element àmpliament estès en diferents tipologies arquitectòniques de l'àrea maia amb la finalitat de servir com a subjecció d'escultures en pedra que, en molts casos, tenien un acabat en estuc susceptible de rebre aplicacions de color; tot això, en el cas de l'Estructura I de Chanchén, ha desaparegut.

Quant al significat d'aquestes construccions, es considera que són representacions simbòliques de les torres que apareixen vinculades als complexos palatins de l'àrea de Río Bec, a la regió de Campeche, la mateixa que, de manera esquemàtica, constituïa una recreació de l'espai del temple com a *witz*, muntanya sagrada.

21

Teoberto Maler, 1886-1892
Chanchén, Campeche, Mèxic
L'Estructura I del lloc

La ciutat de Tikal va ser una de les més importants urbs maies del Petén. Abandonada pels seus habitants en el segle IX dC, va romandre sepultada sota la vegetació i oculta en una selva intricada prop de mil anys, fins a final del segle XIX, en què les excel·lents fotografies d'Alfred P. Maudslay i Teoberto Maler van oferir una imatge dels seus monuments principals. A aquests primers exploradors els va cridar especialment l'atenció les dimensions dels seus grans temples construïts sobre bases piramidals, que arribaven a tenir més de setanta metres d'alçària, i sortien per damunt de la selva i els arbres que els envoltaven.

El Temple I de Tikal, o del Gran Jaguar, com és conegut actualment, va ser denominat per Teoberto Maler *Primer Temple Major*. Va ser el primer que va descriure i fotografià, potser per tenir un accés millor i perquè era el més important dels situats a la Gran Plaça. Va fer diverses fotografies d'aquest edifici, però una de les més significatives és aquesta, en què ell mateix va descriure minuciosament el punt des del qual es va fer: "Des de la plataforma del tercer temple de la fila de davant del grup de temples que es troba al costat nord de la plaça principal vaig fotografiar, a més, una vista diagonal, igualment encertada, del Primer Temple Major vist des del nord-oest." Obtenia així una de les millors visions del temple, en la qual es poden contemplar amb una precisió total alguns detalls dels seus cossos piramidals, en què s'aprecia la grandària i la col·locació dels carreus, com també l'estat del temple superior, amb restes d'estuc a les parets exteriors i l'estat en què es trobaven les bigues d'acres de la llinda.

Entre els anys 1992 i 1996 es van realitzar les últimes obres de restauració integral d'aquest temple, per mitjà d'un projecte de cooperació cultural entre Guatemala i Espanya.

22

Teoberto Maler, 1885
Temple I, Tikal, Guatemala

(Cortesia del museu Peabody de la Universitat de Harvard per a l'exposició "Tikal, un segle d'arqueologia")

194

El Temple II de Tikal, també conegut com Temple de les Màscares pels motius escultòrics tallats a la seua cresteria, va ser erigit a la Gran Plaça de Tikal, davant del Temple I. Dels cinc Temples Majors de Tikal, és el de menors dimensions, i l'alçària és de 40,5 metres. Posseeix tres plataformes escalonades amb els cantons reculats, i al seu cim es va erigir el santuari pròpiament dit, compost de tres estances cobertes amb volta. A aquest s'hi accedeix a través d'una empinada escalinata cerimonial precedida d'un conjunt d'estela i altar, i cal destacar també altres "escales de servei", actualment visibles en els cossos laterals del basament piramidal.

Maler va fer aquesta fotografia des de l'Acròpolis Nord; s'hi pot apreciar l'espessa vegetació que envaïa el temple, sobre la qual s'alça la massissa cresteria. D'aquesta va dir que "sembla que constava de tres cossos, dels quals s'ha ensorrat el superior. Aquesta cresteria posseeix, en tota la superfície del costat oriental, l'ornamentació de figures més profusa imaginable. És possible que haja estat decorada, baix, amb una enorme cara elaborada de pedra i estuc. Si aquesta suposició és encertada, els ornaments circulars amb les arracades a cada banda es podrien interpretar com les arracades d'aquest enorme cap."

El Temple II va ser restaurat i parcialment reconstruït a final de la dècada dels seixanta del segle XX pel Museu de la Universitat de Pennsilvània, i malgrat que l'exhaustiva investigació arqueològica duta a terme a l'interior no aconseguí documentar cap enterrament, és molt possible que aquest monument estiguera dedicat a la consort del rei Ha Sawa Chaan K'awil, Senyora 12 Guacamaia, l'efígie de la qual s'hauria plasmat en una de les llindes procedents del temple superior, actualment conservat al Museu d'Història Natural de Nova York, en la qual la dignatària apareix abillada amb un elegant *huipil* brodat, un ostentós pectoral de grans de jade i una complexa lligadura amb el rostre d'una divinitat i elegants plomes de quetzal.

23

Teoberto Maler, 1885
Temple II, Tikal, Guatemala

(Cortesia del museu Peabody de la Universitat de Harvard per a l'exposició "Tikal, un segle d'arqueologia")

Darrere del Temple II, en direcció sud-oest, es troba el Temple III, batejat amb el nom de Temple del Sacerdot Jaguar, aquesta vegada fent al·lusió al personatge representat en una de les llindes de fusta d'acres que s'ha aconseguit conservar fins als nostres dies. És molt possible que la seua construcció corresponga a l'any 810 dC, ja que aquesta és la data que es va plasmar a l'estela erigida al peu. Dels cinc grans temples de Tikal és el que té la cresteria més esvelta, especialment quan aquesta es contempla des del complex arquitectònic de Mundo Perdido.

Fa 55 metres d'alçària i el temple superior consta de dues cambres cobertes amb volta. L'obertura interior és la que conserva la llinda original, per bé que aquesta ja no estava completa quan Maler explorà l'edifici: "Damunt de l'entrada d'aquesta segona cambra s'estenen (o s'estenien) deu bigues de tsapotl [acres], amb la superfície interior profusament ornamentada de baixos relleus. No obstant això, en 1895, quan vaig visitar Tikal per primera vegada, ja faltava la primera d'aquestes bigues: evidentment, va ser presa d'un saquejador de ruïnes [...]. Com es pot reconèixer en les dues fotografies d'aquest temple [...], també hi ha tres decoracions al fris de la façana oriental: una al centre, que tanmateix s'ha ensorrat després de l'extracció de la biga, i una en cada cantonada. Aquestes últimes tomben, i s'estenen pels estrets costats respectius de l'edifici."

El Temple III no ha estat excavat encara, tot i que ha estat objecte d'intervencions recents, a causa del seu estat delicat, tant al temple superior com a l'interior de la cresteria, integrada, igual que les dels altres temples, per petites cambres cobertes amb volta, sense obertures ni entrades, amb el propòsit, segons Maler, d'economitzar materials i alleugerir el pes sobre l'estructura principal inferior.

24

Teoberto Maler, 1885
Temple III, Tikal, Guatemala

(Cortesia del museu Peabody de la Universitat de Harvard
per a l'exposició "Tikal, un segle d'arqueologia")

III.

El Temple IV, situat al nord-oest del Temple III, no sols és el més alt dels temples piramidals de Tikal, sinó també un dels edificis més alts de tota l'arquitectura mesoamericana. Fa gairebé 65 metres, als quals caldria afegir l'alçada de la plataforma sobre la qual va ser erigit. Estructures de tal grandària, semiocultes per la selva tropical, són especialment difícils de fotografiar, d'ací que Maler haja hagut de talar una gran quantitat d'arbres per aconseguir aquesta imatge del temple vist des del sud-oest. La seua escalinata principal encara es troba en ruïnes i s'accedeix al temple superior a través d'una escala de fusta construïda a la cantonada nord-est del basament piramidal. Des del cim és possible contemplar una de les vistes més belles del centre cerimonial de Tikal.

El santuari té tres estances cobertes amb volta, les obertures de les quals exhibien algunes de les llindes més exquisidament tallades de la ciutat, avui conservades al Museu d'Arts Populars de Basilea, i que ja havien estat arrancades del seu lloc original quan Maler va fer aquesta fotografia: "És probable que les bigues de tsapotl [acres] que s'estenien per damunt de la tercera entrada del Quart Temple Major siguen les que el Dr. Bernoulli, que havia visitat Tikal en 1877, va enviar a Europa, i que els seus hereus van donar al Museu de Basilea..."

Pel que fa a les altres ornamentacions que posseeix el temple superior, ens diu Maler que "el fris, lleugerament inclinat cap enrere, de la façana oriental té cinc grans decoracions: una damunt de l'entrada, una en cada cantonada (com de costum, continuen per l'estret costat respectiu) i una en cada espai entre la part central i les parts terminals. El motiu principal de cadascuna d'aquestes cinc decoracions és sempre un cap fantàstic. Retirada de la vora de la terrassa, s'alça la superba cresteria: consta de tres cossos, dels quals ja se'n va ensorrar el superior. La paret oriental de la cresteria exhibeix una magnífica ornamentació de figures i d'arabescos. És possible que la paret central haja tingut, baix, una cara gegantina."

D'acord amb les dates que apareixen a les llindes, és molt possible que el temple haja estat erigit cap a mitjan segle VIII dC, és a dir, una vegada conclosos recentment els temples I i II, i s'hauria dedicat al governant Yi Kin Chaan K'awil, descendent directe de Ha Sawa Chaan K'awil.

25

Teoberto Maler, 1885
Temple IV, Tikal, Guatemala

(Cortesia del museu Peabody de la Universitat de Harvard
per a l'exposició "Tikal, un segle d'arqueologia")

Aquest és el palau en què es va allotjar Maler durant les seues dues estades a Tikal (1885 i 1904), d'ací que haja estat batejat amb el seu nom. Va ser erigit en el Pati 2 de l'Acròpolis Central, i la façana posterior (sud) recolza sobre alts murs de sosteniment construïts sobre les parets de la gran depressió que el separa del Temple V, i que en l'antiguitat degué mantenir-se plena d'aigua. Es tracta d'un palau de dos pisos d'alçària, amb quinze estances cobertes amb volta, totes elles comunicades amb l'exterior a través d'àmplies obertures.

La imatge ens mostra l'entrada de la cambra central de la façana nord, on es va instal·lar l'explorador. Segons ell mateix, "al fris es destaca un mascaró amb probòscide; cap als dos costats es despleguen elements en forma d'arabescos, coronats a la part alta amb una ornamentació que ara s'ha tornat indistingible. En aquesta vista es reconeix també el mur posterior del pis alt."

Aquesta fotografia és un testimoni fidel del gran domini tècnic que posseïa Maler en el control de la llum durant les seues exposicions, sense deixar de banda per això el factor estètic. Veiem així de quina manera, en la imatge, ha aconseguit crear un espai compositiu en què la gran massa volumètrica del palau contrasta amb la verticalitat dels "fusts" d'esvelts arbres que enfonsen les arrels en un matalap de fulles, animat per la presència de tres figures humanes, un tret habitual en les seues fotografies.

Aquest palau, igual que la major part dels edificis de l'Acròpolis Central, va ser excavat i restaurat entre 1965 i 1966 pel Museu de la Universitat de Pennsilvània. Durant aquells treballs es va aclarir completament el pati al voltant del qual es va alçar l'edifici; d'ací que la visió que actualment se'n té siga sensiblement diferent a la que se'ns mostra en la fotografia de 1895.

26

Teoberto Maler, 1885
Palau Maler, Tikal, Guatemala

(Cortesia del museu Peabody de la Universitat de Harvard
per a l'exposició "Tikal, un segle d'arqueologia")

El Palau dels Cinc Pisos va ser l'edifici que més va impressionar Teoberto Maler de tots els que componen l'Acròpolis Gran, com ell la denominava, o Acròpolis Central, com es diu avui dia. És una estructura palatina que aprofita el desnivell creat per l'ullal que la separa del Temple V, s'hi ajusta i construeix una estructura escalonada amb cinc pisos habitables.

Quan Maler ens descriu el quart pis d'aquest edifici i, concretament, quan parla de la galeria posterior, una vegada que n'indica les mesures, ens diu exactament com es va fer aquesta fotografia: "Prop de l'extrem oriental de la galeria hi ha un banc gran -o llit- de pedra; a l'extrem occidental presenta un altre banc, amb un esglaó gran per davant. Recolzant la màquina fotogràfica en aquest banc occidental vaig aconseguir obtenir, després d'una llarga exposició, una vista interior molt bella d'aquesta galeria posterior, treta d'occident a orient. També en vaig obtenir una segona vista, d'orient a occident. En la fotografia es reconeix fàcilment la forma elegant de les voltes triangulars d'àpex truncat, com també els rolls de tsapotl -amb les seues gracioses lligades centrals- inserits de tant en tant en la volta."

La imatge és esplèndida i hi veiem com l'adornà Maler amb diversos objectes com ara una mola i un atuell, juntament amb unes restes de bigues, per crear una composició de diversos plans que permet percebre plenament l'espai d'aquesta galeria. La il·luminació és excel·lent i possiblement hagué de fer diverses proves per aconseguir un temps d'exposició adequat, que permet veure amb gran fidelitat la textura de la superfície dels murs, que estaven parcialment florits. Especialment bella és la imatge de la volta superior, una volta d'aproximació maia en què els dos plans inclinats independents s'uneixen en la clau superior, on es pot apreciar el joc dels travessers de fusta d'acres (tsapotl) que l'ornamenten i que projecten ombres que contribueixen a percebre millor la seua geometria.

27

Teoberto Maler, 1904
Galeria posterior del quart pis del Palau dels Cinc Pisos,
Tikal, Guatemala

(Cortesia del museu Peabody de la Universitat de Harvard
per a l'exposició "Tikal, un segle d'arqueologia")

Al centre de Mèxic, el déu encarnat en la serp emplomallada es va anomenar *Quetzalcóatl*, el mateix que, associat amb la divinitat d'Ehécatl, va simbolitzar el vent.

Amb l'arribada de grups tolteques des de l'altiplà central a la península de Yucatán, Quetzalcóatl es va integrar al sistema de creences dels maies amb el nom de *Kukulcán*.

És precisament amb aquest terme, *Kukulcán*, que també es coneix l'estructura del Castell que domina la plaça principal de la ciutat de Chichén Itzá; això és perquè va ser projectada amb la imatge del déu recorrent amb el seu cos serpentí i emplomallat els cabirons de les escales fins que el seu rostre arribava a terra.

Tot i que Quetzalcóatl-Kukulcán arriba a la cultura maia en el postclàssic amb l'entrada de grups tolteques, l'animal que representa el déu, la serp, va ser un dels símbols més importants del seu pensament ja que, entre altres factors, la regeneració de la seua pell va fer d'ell un signe de renaixement, el mateix que s'estenia a tota la creació donant a la vida un sentit de retorn i existència eterna.

Teoberto Maler, 1886-1892
Chichén Itzá, Yucatán, Mèxic
Quetzalcóatl-Kukulcán

Entre les fonts virregnals més importants que relaten els esdeveniments històrics que va viure Yucatán entre els segles XI i XV, en destaca un conjunt de cròniques conegudes com els *Llibres de Chilam Balam*.

En aquestes narracions se'ns diu que, en aquells moments, van arribar a la regió des del centre de Mèxic tres grups tolteques, els xiu, els itzà i els cocomes, cadascun dels quals s'assentà en una de les tres ciutats de la península que, cap al segle XI, el període postclàssic, posseïen major esplendor: Uxmal, Chichén Itzá i Mayapán, respectivament.

L'arribada d'aquests grups i el contacte amb els existents a la península de Yucatán va significar l'ingrés en la civilització maia de formes polítiques, socials, econòmiques i culturals importades des del centre de Mèxic, de tal manera que es donava lloc a noves estructures i formes les expressions de les quals eren el resultat de la síntesi entre dues tradicions: la maia i la tolteca. En l'escultura, el segell del centre de Mèxic va anul·lar el naturalisme anterior en favor d'un major hieratisme i linealitat geomètrica en figures amb trets propis de la fisonomia de la nova ètnia.

Teoberto Maler, 1886-1892
Chichén Itzá, Yucatán, Mèxic
Escultures del lloc amb trets tolteques

Tant els jaguars com les àguiles expressen conceptes sagrats associats al sol, la guerra i la reialesa no sols entre els maies, sinó també en altres pobles de l'àrea cultural de Mesoamèrica.

Per al pensament maia, el jaguar era la representació del sol amb el seu aspecte nocturn, la naturalesa elegida pel déu per al seu viatge per l'inframón.

En aquest sentit, el jaguar, associat a la nit, l'inframón, la foscor i la mort, expressava l'oposat a allò que manifestava l'astre en la seua manifestació diürna, la vida, i se sintetitzava així, en essència, la unió de contraris necessària per mantenir en equilibri l'existència.

D'altra banda, la cosmovisió maia considerava l'àguila com una de les cinc aus en què podia encarnar-se el sol: el guacamai vermell, la garsa, el colibrí, la *chachalaca* i l'àguila; aquesta darrera era la que mostrava la personalitat guerrera del sol.

Així, l'associació d'ambdós animals amb el sol, és a dir, a allò sagrat, i a la guerra, van fer-ne símbols del poder i de la sacralitat de la reialesa.

Teoberto Maler, 1886-1892
Chichén Itzá, Yucatán, Mèxic
Decoració de la Plataforma dels Jaguars i les Àguiles

Durant molt de temps, la imatge bèl·lica que va caracteritzar altres pobles de l'àrea cultural de Mesoamèrica, entre ells els residents al centre de Mèxic, s'oposava a l'aparent pacifisme que semblava definir com a tret distintiu la civilització maia.

Amb el descobriment, en 1946, de les pintures murals de l'Edifici I de la ciutat de Bonampak, a la regió de l'Usumacinta, s'obri un nou capítol en la història de la investigació d'aquesta cultura en què el seu retrat comença a prendre les faccions d'una societat en què la guerra com a activitat política, econòmica i ideològica va acomplir un paper fonamental.

Avui dia la guerra, a més d'altres factors com ara l'arribada de grups tolteques des de l'altiplà central, la descentralització política o forts canvis climàtics que van afectar l'agricultura, i que van provocar fam i una forta davallada de població, es considera entre els essencials que van anar debilitant la civilització maia fins que va desaparèixer.

Teoberto Maler, 1886-1892
Chichén Itzá, Yucatán, Mèxic
Pilars del Temple dels Guerrers

Un dels aspectes més significatius de la tecnologia arquitectònica dels antics maies va ser que no feien servir l'arc de mig punt, i això determinà l'ús de la falsa volta per tancar els edificis.

Per mitjà d'aquest sistema, les filades de pedra se sobreposaven per aproximació fins que arribaven a una fila a la part superior en què l'anomenada *tapa de volta*, equivalent a la clau de volta, provocava el tancament complet de l'estructura.

L'evolució que l'arquitectura anà experimentant des del preclàssic tardà, 300 aC - 300 dC, fins al postclàssic, segles XI-XVI, provocà un perfeccionament progressiu en l'art de la talla i el tall de la pedra, i això va donar lloc a espais coberts amb sistemes de voltes d'una gran regularitat que assolien alçades considerables.

La imatge que va prendre Teoberto Maler a l'interior d'un dels edificis del grup de les Monges a la ciutat de Chichén Itzá és una prova d'aquest gran desenvolupament del disseny de la "falsa volta maia", la mateixa que condicionava, d'altra banda, espais interiors de dimensions reduïdes i mancades de més obertures que no foren les d'accés.

32

Teoberto Maler, 1886-1892
Chichén Itzá, Yucatán, Mèxic
Interior d'un dels edificis del grup de les Monges

El *Phallus* o *signe de generació*, como el va qualificar Teoberto Maler, va ser un dels múltiples símbols de fecunditat tan omnipresents en la cultura maia, de la mateixa manera que en altres societats humanes.

Tot i que des de les primeres representacions prehistòriques associades al culte a la fertilitat aquestes solen relacionar-se sobretot amb la feminitat, l'expressió estètica dels òrgans sexuals masculins esdevé part del ritual.

Com que l'agricultura va ser la principal activitat de subsistència en la civilització maia, les cerimònies socials i l'art van entrellaçar una xarxa de manifestacions públiques a través de les quals es pretenia garantir la fertilitat de la terra, l'obtenció de l'aliment i, en conseqüència, la continuïtat de la mateixa existència.

33

Teoberto Maler, 1886-1892
X'komchén, Campeche, Mèxic
Símbol de fertilitat

A l'espai de les places principals dels llocs, associades a l'arquitectura de l'elit, hi apareixen monòlits de pedra que solen tenir representacions iconogràfiques i inscripcions jeroglífiques, els quals es coneixen amb el nom d'*esteles*.

Tots els viatgers, fotògrafs i investigadors que van arribar al territori de l'antiga civilització maia entre el segle XIX i el principi de la dècada dels 60 del segle XX, des de figures com J. L Stephens i Frederick Catherwood fins a J. E. Thompson, van anotar en les seues descripcions i estudis que les imatges i l'escriptura gravada en les esteles contenia informació referent a déus, astronomía o sacerdots, és a dir, referent al pensament mític i ideològic de la cultura maia.

No va ser fins a la publicació de l'article "Implicación histórica de un patrón de fechas en Piedras Negras, Guatemala", de Tatiana Proskouriakoff, en 1960, en la revista *American Antiquity*, que es van identificar els personatges de les esteles com a reis que hi apareixien al costat de textos que narraven fets del seu regnat. Era, per tant, possible començar a redactar la història de la civilització maia.

34

Teoberto Maler, 1886-1892
X'corralché, Yucatán, Mèxic
El grup dels Déus

L'estela és el suport en què l'escultor maia retrata el rei
amb tots els atributs que manifesten el seu poder, i esdevé
una expressió artística propagandística de la seua condició
divina i dels fets històrics que glorifiquen el seu govern,
una informació, aquesta última, que aporten les inscripcions
jeroglífiques que acompanyen la imatge.

Cada element que forma part de la indumentària i l'aixovar
amb què es representava el governant no és només un
complement del vestuari, sinó que n'esdevé part essencial
en la mesura que constitueix una referència explícita a la
naturalesa divina del seu poder.

Des de les lligadures que els coronen, ornats amb bells
plomalls que els vinculen amb l'ocell Muan, símbol del
celeste, fins al ceptre que solien portar durant el clàssic
amb la representació de K'awil, déu de les dinasties regnants,
passant per innumerables imatges sagrades que podien
formar part de diverses peces de l'abillament, com ara els
cabets de jaguars en els cinturons reials, transmitien al
poble la idea d'un rei que participava de la sacralitat dels
altres déus del panteó maia.

Teoberto Maler, 1886-1892
X'corralché, Yucatán, Mèxic
El grup dels Déus

Les representacions deïficades dels governants en les esteles es complementen amb altres del mateix contingut gravades en alguns elements constitutius de l'arquitectura maia, com ara llindes o plafons.

Gràcies a les peces d'aixovar que ens arriben del registre arqueològic, especialment concentrades en espais funeraris d'elit, sabem que la sacralitat de la figura reial també es reforçava des de la mateixa naturalesa del material en què es tallaven els ornaments que lluïa.

La closca, l'obsidiana o la pedra verda, especialment la jadeïta, l'única font d'obtenció de la qual a Mesoamèrica eren les pedreres del riu Motagua a Guatemala, van ser materials considerats sagrats pels maies, per la procedència o pel color.

Així, la tonalitat verda associava la jadeïta a la vida, igual que s'esdevenia amb la closca, la procedència aquàtica de la qual la convertia en expressió de la dualitat de l'inframón maia: espai de mort en què l'aigua que hi habita fa d'ell alhora portador de la vida.

Teoberto Maler, 1886-1892
Santa Rosa Xtampak, Campeche, Mèxic
El Palau principal

Aquesta imagte es complementava amb altres dues amb les quals l'autor documentava, en la seua visita al lloc al desembre de 1893, tres de les quatre esteles llises localitzades a la plaça principal de Sihó, la qual va denominar *plaça dels Menhirs*, precisament per la semblança entre aquests monuments i els equivalents de la prehistòria a Europa.

Al costat de l'estela llavorada, trobem en algunes de les ciutats maies l'anomenada *estela llisa*, caracteritzada perquè no s'hi han gravat representacions iconogràfiques o escriptura.

És molt probable que aquests monuments, després d'haver estat tallats i polits a fi d'aconseguir superfícies regulars, reberen una capa d'estuc que actualment ha desaparegut.

La naturalesa megalítica de les esteles situades a la plaça més important de Sihó es relaciona amb la d'alguna de les estructures que la configuraven i la tancaven, i la grandària de l'arquitectura i de l'escultura d'aquest espai esdevenen símbol del poder que la ciutat va tenir durant el període clàssic primerenc, 300-600 dC, respecte d'altres assentaments del mateix àmbit regional.

Teoberto Maler, 1886-1892
Sihó, Yucatán, Mèxic
Estela llisa megalítica

Entre els objectes associats al registre arqueològic, la ceràmica ocupa un lloc primordial com a font per a la investigació actual atesa la informació que, escrita o en imatges, s'hi va pintar o gravar.

Les bandes jeroglífiques que circumden les vores de molts exemplars són coneguts com *seqüència primària estàndard*. Hi sol aparèixer sempre una mateixa classe de dates referents al tipus de recipient, l'ús i, ocasionalment, el nom del propietari, com també, en el cas de tractar-se de regals d'una cort reial a una altra, el nom del personatge que oferia la peça.

Els textos, en sentit vertical, tenen continguts associats a la iconografia representada, la qual tendeix principalment a concentrar dos tipus d'escenes: les sagrades i les referents a les activitats reials a l'interior de l'arquitectura maia d'elit.

Un altre tipus de peces trobades en context arqueològic, especialment funerari, també contribueix, per les imatges que s'hi representen i pel material sobre el qual es van treballar, a fer conèixer el pensament ideològic de la civilització maia, el mateix que regulà la vida política i social d'aquesta.

Teoberto Maler, 1886-1892
Antiguitats maies

Si tenen res en comú totes les imatges fotogràfiques que va registrar Teoberto Maler entre 1886 i 1892 en les antigues ciutats maies que va visitar, és la visió d'una arquitectura que agonitza consumida per l'espessor natural.

El perfil d'un medi ambient caracteritzat per altíssimes temperatures i una forta humitat és l'origen de greus problemes per a la conservació de l'arquitectura d'aquestes regions, i també per a les manifestacions artístiques que s'hi associen.

En un entorn climàtic com aquest, la vegetació desplega arrels les dimensions i la força de les quals van obrint els edificis internament fins que emergeixen a l'exterior, i en provoquen l'enderrocament parcial o total.

El factor assenyalat, a més de la gran humitat per capil·laritat que es filtra des dels fonaments de les construccions cap amunt, partint del nivell d'aigua freàtic, provoca un altre tipus de danys que, com ara els fongs o les sals, van fent desaparèixer els recobriments d'estuc i les manifestacions pictòriques que s'hi associen.

39

Teoberto Maler, 1886-1892
Hochob, Campeche, Mèxic
L'Estructura V del lloc

L'enderroc procedent dels nivells superiors de les estructures va sepultant-les gradualment, i a això contribueix el creixement de la vegetació que, al seu torn, va distorsionant-ne la coherència estructural en fragmentar-les, obrir-les o desplomar-les al seu pas.

En aquest sentit, un dels passos fonamentals en la intervenció en una arquitectura a l'àrea maia és l'alliberament com a fase prèvia a la consolidació i reintegració de les diferents parts, per a la qual cosa cal un estudi en què es determinarà com escometre aquesta etapa.

Un dels aspectes més importants en el moment de consolidar aquestes estructures és l'anàlisi dels elements naturals, especialment les grans arrels, que han enderrocat l'edifici, ja que, tot i que són aquestes les causants de la deterioració i l'enderrocament, a vegades exerceixen una funció de contenció, de manera que l'eliminació sense un estudi previ del repartiment de forces del conjunt pot provocar-ne la pèrdua global.

Teoberto Maler, 1886-1892
Dzibilnocac, Campeche, Mèxic
L'Estructura 1-A

Si, d'una banda, la visió d'aquesta arquitectura en ruïnes crea tota una consciència que reclama noves actituds i procediments per a la conservació d'un patrimoni històric que va perdent-se, advertiments que des dels primers exploradors que van arribar a Yucatán a mitjan segle XIX, J. L. Stephens i F. Catherwood, ja es registra en les descripcions i els dibuixos de cadascun d'ells, d'altra banda alimenta l'esperit romàntic tan arrelat a l'Europa del segle XIX.

Amèrica no estava al marge de l'afluència de viatgers que, al vell continent, formaven part de la fascinació pel descobriment de l'antiguitat que inundava Europa des de final del segle XVIII amb la històrica expedició de Napoleó a Egipte.

El gust per les antigues civilitzacions del passat, augmentat per tota una nova cultura viatgera que entra en espais fins ara desconeguts, com ara l'Aràbia Pètria, com també per una arqueologia àmpliament desenvolupada des de la mateixa Europa a ciutats com Pompeia, fa de la ruïna part del discurs romàntic que es va apoderar de la literatura, de la filosofia i de les arts plàstiques del moment.

El viatger i investigador que arriba a les antigues ciutats maies des d'Europa vol degustar, de primer amb els llapis i després amb la càmera, la mort de l'arquitectura antiga, aquella que s'expressa a través d'una ruïna atrapada i esquinçada per la imponent capa natural, la mateixa que va creant una consciència sobre la necessitat de protegir i conservar l'arquitectura contemplada, a més d'intervenir-hi, a fi de preservar la història continguda en el llegat patrimonial de la cultura que la va concebre.

41

Teoberto Maler, 1886-1892
X'culoc, Campeche, Mèxic
Un dels edificis del lloc

L'enderrocament parcial de moltes de les estructures de l'àrea maia permet veure-hi el sistema constructiu utilitzat pels arquitectes.

Segons el que podem observar, els murs s'han confeccionat amb un nucli de pedres tosques, l'aspecte engaltat de les quals és degut a què no han estat treballades, a diferència dels paraments que, a l'interior i l'exterior de l'arquitectura, en constitueixen el recobriment final, motiu pel qual aquests es configuren amb pedres llavorades que, amb el pas del temps, arribaran a desenvolupar-se segons amplis coneixements d'estereotomia, un fet que es comença a percebre a partir del clàssic tardà, 600-800 dC.

Tant el desenvolupament de l'arquitectura com el que va patir la resta de manifestacions artístiques fou el producte d'una forta especialització del treball que, en el cas de la cultura maia, no disposava d'instruments massa avançats a causa del desconeixement que hi havia dels metalls fins a l'època del postclàssic.

L'especialització del treball és una necessitat que la societat maia, igual que qualsevol altra, va desplegar a partir del moment en què les estructures socials i econòmiques de la població anaven fent-se complexes, és a dir, a partir del moment en què va sorgir una jerarquització social que feia que determinats personatges ocuparen un lloc destacat i de domini entre els altres habitants de l'assentament, una situació que anunciava el trànsit cap a la civilització.

Els inicis d'una arquitectura monumental i d'un art que serveixen els propòsits propagandístics i legitimadors de l'elit va aparèixer a l'àrea maia entre el final del preclàssic mitjà i els inicis del preclàssic tardà, entre els segles V i IV aC.

Teoberto Maler, 1886-1892
X'cacohná, Yucatán, Mèxic
Un dels edificis del lloc

Tot i que és un element freqüent en l'arquitectura maia, la presència del qual no sempre ha arribat als nostres dies per la seua naturalesa fràgil, l'ús de l'estuc per recobrir els murs de l'arquitectura maia estava condicionat pel grau de perfeccionament de la tecnologia constructiva, una circumstància que feia més o menys necessari l'ús del material.

D'aquesta manera, en aquells períodes en què el treball sobre pedra tenia un gran desenvolupament, com ara entre el clàssic tardà i terminal, 600-950/1000 dC, la pròpia talla de la pedra aconseguia la regularitat que en èpoques de menor coneixement tècnic assolien els recobriments d'estuc, tret característic del preclàssic tardà i clàssic primerenc, 300 aC - 600 dC, com també de l'arquitectura postclàssica.

L'ús d'aquest material, d'altra banda, s'associava a manifestacions artístiques relacionades amb els edificis; és el cas de l'escultura arquitectònica dels seus exteriors, que es podia modelar en estuc o rebre una capa de recobriment que servia per donar un millor acabat a la peça, i la pintura mural que encara es pot veure en algunes cambres interiors de determinades estructures, com ara la de les pintures murals de Chacmultún, o l'equivalent a la ciutat de D'zula.

La preparació del material es duia a terme barrejant la calç amb *sascab*, una espècie d'arena blanquinosa existent a Yucatán que tenia la finalitat de funcionar com a càrrega del compost.

A causa de les altes temperatures del territori maia, la barreja resultant tenia el problema d'assecar-se molt ràpidament, i per això va caldre afegir-hi alguna resina al conjunt capaç d'humectar-lo i aconseguir allargar prou el procés d'assecament perquè l'estuc aconseguira una bona adhesió i cohesió interna que en garantiren la conservació.

43

Teoberto Maler, 1886-1892
Halal, Yucatán, Mèxic
Un dels edificis del lloc

Aquesta estructura piramidal d'Aké és possiblement una de les imatges més clares pel que fa a la manera en què la natura que es desplega al territori on es va estendre l'antiga civilització maia pot arribar a inundar l'estructura arquitectònica fins a provocar-ne la desaparició parcial o completa.

Lluny de ser una imatge aïllada, és freqüent que ens trobem als llocs arqueològics un grau d'asfíxia en la ruïna semblant al de la imatge, i és també una constant anar per la carretera i percebre en les extensions verdes que flanquegen el camí petites elevacions del terreny que, tot i l'aparença natural, amaguen sota semblant mantell vegetal edificis que han acabat sepultats.

A pesar del gran treball que durant l'últim segle ha dut a terme l'arqueologia, gràcies al qual s'han netejat, excavat, consolidat, restaurat i estudiat molts d'aquests espais urbans, hi ha moltes ciutats maies que resten intactes en l'espera d'una intervenció que afavoresca, amb les seues respostes, el coneixement progressiu que, des d'enfocaments cada vegada més interdisciplinaris, va tenint-se de l'antiga cultura maia.

D'altra banda, i d'una manera cada vegada més freqüent, ja no sols es té en compte l'estudi de les àrees centrals dels assentaments, aquell que només ens permetia conèixer el sector social de l'elit maia, sinó que els treballs s'estenen a la perifèria per garantir una comprensió i interpretació cada vegada més completes en poder aprofundir en tota la piràmide social de la cultura, des de la classe més alta fins a la dels sectors inferiors.

44

Teoberto Maler, 1886-1892
Aké, Yucatán, Mèxic
Una de les estructures piramidals d'Aké

Un dels elements arquitectònics més representatius de l'arquitectura maia és la cresteria que corona molts dels edificis que va utilitzar l'elit dirigent.

Associada a estructures de contingut religiós, com els temples que s'alçaven a la part superior de basaments piramidals, com també polític, com ara els palaus, la cresteria esdevé un element simbòlic que fa més referència al poder de la classe governant.

A pesar de ser un tret generalitzat de l'arquitectura maia, la cresteria adquireix individualitat pròpia segons l'àmbit regional en què ens situem, ja que en cadascun d'ells el seu llenguatge estructural i estètic pateix modificacions que la reinterpreten. D'aquesta manera, la tendència d'aixecar les cresteries sobre el mur posterior de les estructures que coronen, pròpia de la regió del Petén a Guatemala, es distancia d'aquella en què arranquen d'algun dels murs intermedis que seccionen l'interior dels edificis en cambres, molt associades a exemples de l'àrea de Campeche.

Alhora, en aquesta darrera zona, igual que s'esdevé a la de l'Usumacinta amb exemples com els de la ciutat de Palenque, com també a la del Puuc, com ara l'Estructura VI de Sabacché, la cresteria es caracteritza per una desmaterialització a causa de la seua perforació, que és lluny dels blocs massissos propis de les que es van alçar en les arquitectures de ciutats del departament del Petén, com ocorre amb Tikal.

Per alguns casos que han sobreviscut, i també per la presència de les espigues de pedra on sabem que s'encastaven figures acabades amb estuc policromat, podem dir que va ser freqüent el tipus de decoració en aquests coronaments en l'arquitectura maia, per bé que, en la major part dels casos, han desaparegut totalment o parcialment amb l'enderrocament de la cresteria que els sustentava.

El cas de la cresteria de l'Edifici VI de Sabacché és un dels exemples més bells dels que es van produir al nord de la península de Yucatán.

Teoberto Maler, 1886-1892
Sabacché, Yucatán, Mèxic
Estructura VI de Sabacché

La presència de l'indígena és un dels trets més característics que defineix l'obra fotogràfica de Teoberto Maler.

En una gran majoria dels casos, les seues fotografies són autèntiques composicions en què l'element humà cobra sentit no com un valor afegit a la imatge, sinó com el seu factor essencial. Si els espais urbans i l'arquitectura que va registrar constitueixen el testimoni patrimonial que ha sobreviscut al pas del temps i als canvis culturals que la civilització maia va patir en el transcurs dels segles, l'indígena és l'equivalent en termes de societat i cultura.

Avui encara és possible caminar pels pobles de Yucatán i veure-hi homes i dones que conserven la fisonomia i els costums dels seus avantpassats. En els seus rostres, vestimenta, actituds i formes de vida, ritus i creences, continua viva l'essència de la seua civilització prehispànica.

Els actuals pobles de Yucatán i de la resta de les regions que van configurar el territori de desenvolupament de la cultura maia són adjacents a les ruïnes de les antigues ciutats maies que van ocupar prèviament aquests espais, aquelles en què van viure els seus avantpassats i en què es van cultivar les bases d'una cultura de les quals, malgrat el sincretisme vigent des del segle XV, en són hereus.

Són, per tant, els espais d'ahir, espais primigenis, espais sagrats atesos i protegits per aquells avantpassats mil·lenaris. El fet de treballar-hi amb un projecte arqueològic exigeix la realització de cerimònies de petició en les quals es fan ofrenes per sol·licitar el permís als guardians de les ruïnes i, fins i tot, d'agraïment al final de la temporada per beneir-ne l'èxit. Així ens ho fan saber els descendents dels antics maies que formen part dels projectes.

El fet de ser d'una altra cultura i formar part d'aquests rituals amb la creença i el respecte necessaris constitueix una de les experiències més belles que ens ofereix l'indígena; és un regal que se'ns brinda i des del qual se'ns permet, partint de la mateixa essència del ritu, entendre les ciutats prehispàniques com un cordó umbilical que connecta el passat amb el present, l'avantpassat amb el descendent actual, allò sagrat amb allò profà.

Era inevitable que Teoberto Maler obviara la presència de l'indígena en les seues fotografies, i difícil que nosaltres no la tinguérem present. La seua imatge és tan necessària en aquests llocs com la de la pròpia natura; són l'ànima d'aquests espais sagrats, aquella que encara, malgrat l'omnipresència de la ruïna, els fa exhalar una vida que es pot percebre per tot aquell que, assegut allí, sàpia escoltar amb respecte i fe el so de l'ahir.

46

Teoberto Maler, 1886-1892
Kiwic, Yucatán, Mèxic
Un dels edificis de Kiwic

Index de l'obra fotogràfica de Teoberto Maler considerada per a l'exposició

25. El Temple IV de Tikal, departament del Petén, Guatemala.

26. Detall de l'exterior del Palau Maler a Tikal, departament del Petén, Guatemala.

27. Un interior del Palau dels Cinc Pisos a Tikal, departament del Petén, Guatemala.

28. Detall d'un dels cabirons amb la representació de Quetzalcóatl-Kukulcán que flanquejaven les escales d'accés al temple superior de la piràmide del Castell de Chichén Itzá, Yucatán, Mèxic.

29. Escultures de Chichén Itzá amb trets tolteques, Yucatán, Mèxic.

30. Detall de la decoració en relleu de la Plataforma dels Jaguars i les Àguiles de Chichén Itzá, Yucatán, Mèxic.

31. Pilars del Temple dels Guerrers de Chichén Itzá, Yucatán, Mèxic.

32. Interior d'un dels edificis del grup de les Monges de Chichén Itzá, Yucatán, Mèxic.

33. Símbol de fertilitat de X'komchén, Campeche, Mèxic.

34. El grup dels Déus de X'corralché, Yucatán, Mèxic.

35. El grup dels Déus de X'corralché, Yucatán, Mèxic.

36. El palau principal de Santa Rosa Xtampak, Campeche, Mèxic.

37. Estela llisa megalítica de Sihó, Yucatán, Mèxic.

38. Antiguitats maies; ceràmica i altres arts en la cultura maia.

39. L'Estructura V de Hochob, Campeche, Mèxic.

40. L'Estructura 1-A de Dzibilnocac, Campeche, Mèxic.

41. Un dels edificis de X'culoc, Campeche, Mèxic.

42. Un dels edificis de X'cacohna, Yucatán, Mèxic.

43. Un dels edificis de Halal, Yucatán, Mèxic.

44. Una de les estructures piramidals d'Aké, Yucatán, Mèxic.

45. L'Estructura VI de Sabacché, Yucatán, Mèxic.

46. Un dels edificis de Kiwic, Yucatán, Mèxic.

FOTOGRAFIA

La major part de les imatges de l'exposició pertanyen al registre fotogràfic que Teoberto Maler va fer a la península de Yucatán entre 1886 i 1892. Els positius originals es troben al Centre de Suport per a la Investigació Històrica, Institut de Cultura de Yucatán, Mèxic, institució a la qual agraïm l'autorització de la reproducció de les fotografies per a aquesta exposició. Les imatges del lloc de Tikal les va prendre el fotògraf austríac en 1895, tret de la de l'interior del Palau dels Cinc Pisos, registrada en 1904, quan estava contractat pel museu Peabody de la Universitat de Harvard, on es troben les plaques originals.

Agraïments

Des del Vicerectorat de Cultura de la Universitat de València volem agrair a la Facultat d'Antropologia i Història de la Universitat Autònoma de Yucatán, a l'Institut Nacional d'Antropologia i Història de Yucatán i al Departament d'Amèrica de la Facultat d'Història de la Universitat Complutense de Madrid, la contribució que alguns dels seus investigadors han prestat per al desenvolupament del catàleg de l'exposició. Igualment, volem expressar el nostre agraïment més sincer al Centre de Suport a la Investigació Històrica, que depèn de l'Institut de Cultura de Yucatán, per haver permès la reproducció de les fotografies que Teoberto Maler va fer entre 1886-1892 als actuals estats de Yucatán, Campeche i Quintana Roo, les quals, actualment, es troben en aquesta institució.

Per acabar, volem agrair la contribució de Cristina Vidal Lorenzo i de Gaspar Muñoz Cosme, en aportar-hi les fotografies que Teoberto Maler va fer en 1904 de la ciutat de Tikal, les quals els van ser cedides pel museu Peaboby de la Universitat de Harvard amb motiu de l'exposició "Tikal, un segle d'arqueologia".

Projecte Thesaurus. Publicacions:

I. CEL I TERRA
Làrt dels cartògrafs a la Universitat de València, 1996
(doble edició català/castellà)

II. ESPILLS DE JUSTÍCIA
València, 1998
(doble edició català/castellà)

III. SAPIENTIA AEDIFICAVIT
Una biografia de l'Estudi General de la Universitat de València
València, 1999
(doble edició català/castellà)

IV. ELS TRESORS DE LA UNIVERSITAT DE VALÈNCIA
València, 2000
(doble edició català/castellà)

V. GLÍPTICA
Camafeus i entalles de la Universitat de València
València, 2001
(doble edició català/castellà)

VI. ART I PROPAGANDA
Cartells de la Universitat de València
València, 2001
(edició bilingüe català/castellà)

VII. RATIO STUDIORUM
Una llibreria *jesuïta a la Universitat de València*
València, 2001
(edició bilingüe català/castellà)

VIII. HERÈNCIA PINTADA
Obres pictòriques restaurades de la Universitat de València
València, 2002
(doble edició català/castellà)

IX. ESPAIS SAGRATS
Arquitectura maia en l'obra de Teoberto Maler
València 2002
(doble edició català/castellà)

Informació sobre el patrimoni cultural de la Universitat de València en:
www.valencia.edu/cultura

Informació sobre adquisició d'exemplars: Servei de Publicacions de la Universitat de València
www.uv.es/publicacions